Franz Xavier Pfeifer

Harmonische Beziehungen zwischen Scholastik und moderner Naturwissenschaft

Franz Xavier Pfeifer

Harmonische Beziehungen zwischen Scholastik und moderner Naturwissenschaft

ISBN/EAN: 9783743439184

Hergestellt in Europa, USA, Kanada, Australien, Japan

Cover: Foto ©berggeist007 / pixelio.de

Manufactured and distributed by brebook publishing software
(www.brebook.com)

Franz Xavier Pfeifer

Harmonische Beziehungen zwischen Scholastik und moderner Naturwissenschaft

Harmonische Beziehungen

zwischen

Scholastik

und

moderner Naturwissenschaft

mit spezieller Rücksicht auf

Albertus Magnus, St. Thomas von Aquin

und die Worte der

Encyclica „Aeterni Patris":

Thomas, B. Albertus Magnus aliique Scholasticorum principes non ita contemplationi philosophiae dediderunt, ut non etiam multum operae in naturalium rerum cognitione collocarint.

Von

Dr. Franz Xav. Pfeifer,

Kgl. Lyccalprofessor in Dillingen.

Zur Enthüllungsfeier des Albertusdenkmals in Lauingen.

Augsburg 1881.

Druck der F. C. Kremer'schen Buchdruckerei (A. Manz).

Vorwort.

Die Encyclica „Aeterni Patris", womit unser glorreich regierender hl. Vater Leo XIII. die Restauration der scholastischen Philosophie in der katholischen Welt eingeleitet hat, enthält gegen den Schluss folgenden Passus:

„Qua in re illud monere juvat, nonnisi per summam injuriam eidem philosophiae (scholasticae) vitio verti, quod naturalium scientiarum profectui et incremento adversetur. Cum enim Scholastici sanctorum Patrum sententiam secuti, in Anthropologia passim tradiderint, humanam intelligentiam non nisi ex rebus sensibilibus ad noscendas res corpore materiaque carentes evehi, sponte sua intellexerunt, nihil esse philosopho utilius, quam naturae arcana diligenter investigare et in rerum physicarum studio diu multumque versari. Quod et facto suo confirmarunt: nam S. Thomas, B. Albertus Magnus, aliique Scholasticorum principes non ita se contemplationi philosophiae dediderunt, ut non etiam multum operae in naturalium rerum cognitione collocarint; imo non pauca sunt in hoc genere dicta eorum et scita, quae recentes magistri probent et cum veritate congruere fateantur."

Es wäre nicht ganz wahrheitsgetreu, wenn der Verfasser dieser Schrift erklären würde, die soeben angeführte Stelle der genannten Encyclica sei die Veranlassung oder das ursprüngliche Motiv seines Themas, denn der Plan dieser Schrift war in den Grundgedanken bereits gemacht, als der Verfasser während einer Unterredung mit einem jungen Gelehrten darauf aufmerksam wurde, dass der Grundgedanke der projektirten Schrift mit dem angeführten Passus der Encyclica über die scholastische Philosophie zusammentreffe. Der Verfasser hatte diese Encyclica allerdings alsbald nach ihrem Erscheinen gelesen, aber beim Entwurf seiner Schrift nicht mehr daran gedacht. Um so mehr glaubte der Autor, der bezüglich der Durchführung dieses nicht ganz leichten Themas bis dahin noch etwas unentschieden gewesen war, dasselbe in Angriff nehmen zu sollen. Der oben aus der Encyclica angeführte Passus hat zwar nicht den ersten Entwurf dieser kleinen Schrift hervorrufen, aber er hat über wirkliche Ausführung entschieden, so dass in Folge davon diese Schrift ihrem Hauptinhalt nach als eine weitere Ausführung und Begründung der oben wörtlich wiedergegebenen Stelle der Encyclica sich betrachten lässt. Möge sie dazu beitragen, dass der reiche und wichtige Inhalt der genannten Encyclica immer besser erkannt und gewürdiget werde.

Dillingen am Feste des hl. Dominicus.

Es mag vielleicht solchen Lesern, welche mit der Scholastik nicht näher vertraut sind, sehr auffallend oder gar paradox vorkommen, dass hier von harmonischen Beziehungen der scholastischen Philosophie zur Naturwissenschaft, und zwar zur modernen gehandelt werden soll und dass wir den Nachweis solcher Beziehungen gerade mit der scholastischen Erkenntnisslehre beginnen. Wir haben jedoch hiefür gute Gründe und werden zur Evidenz beweisen, dass die scholastische und insbesondere die thomistische Erkenntnisstheorie mit den Grundsätzen und Thatsachen der modernen Naturwissenschaften nicht nur nicht im Widerspruche stehe, sondern dass dieselbe im Gegentheile sogar eine principielle Rechtfertigung und Begründung der Methode der modernen Naturwissenschaft, sowie ihrer Werthschätzung und Notwendigkeit enthalte, und dass die scholastische Theorie von der Entwicklung der menschlichen Erkenntniss durch die Entwicklungsgeschichte der Naturwissenschaften vollkommen bestätiget werde. Den hiemit versprochenen Nachweis werden wir so führen, dass wir denselben in mehrere Thesen mit den zugehörigen Beweisen zerlegen, und um dem Verdachte oder Vorwurf, wir hätten etwa die Lehre der Scholastik zu Gunsten des beabsichtigten Nachweises unrichtig oder ungenau dargestellt, im vorhinein zu begegnen, werden wir die auf die Scholastik bezüglichen Beweismomente möglichst wortgetreu aus den Werken der Koryphaen der Scholastik, namentlich des hl. Thomas und seines Lehrers, des Albertus Magnus entnehmen. Bevor wir jedoch auf Spezielles eingehen, sind einige allgemeine Bemerkungen über die scholastische Lehre von den menschlichen Erkenntnissvermögen und ihren Thätigkeiten vorauszuschicken.

Die gesammte Scholastik unterscheidet im Menschen zunächst zwei Hauptordnungen von Erkenntnissvermögen, sinnliche und intellektive. Da aber die sinnlichen Erkenntnissvermögen wieder

in äussere und innere Sinne sich theilen, so kann man die von
der Scholastik statuirten Erkenntnissvermögen auch in drei Ordnungen bringen, nemlich äussere Sinne, innere Sinne und intellektive Vermögen.

Was nun die äusseren Sinne betrifft, so kann man im Hin-
blick auf den Stand der Anatomie und der Physiologie zur Blüte-
zeit der Scholastik nicht erwarten, dass ihre Sinnestheorie, insoweit
sie von anatomischen und physiologischen Vorkenntnissen bedingt
ist, ganz correkt und mit der modernen Sinnesphysiologie über-
einstimmend sei. So lehrt z. B. der hl. Thomas vom Gesichts-
sinne, *) dass im Organ desselben während des Sehaktes und zum
Zweck desselben keine physische Veränderung stattfinde, was offenbar mit den Entdeckungen der modernen Physiologie über die
Vorgänge im Auge während des Sehens nicht stimmt. Aber die
Mangelhaftigkeit der scholastischen Sinnesphysiologie hat auf die
Fundamentalfragen der Erkenntnisstheorie und namentlich auf jene
Punkte, um welche es sich hier hauptsächlich handeln wird, keinen
wesentlichen Einfluss geübt.

Bezüglich der Lehre der Scholastik von den inneren Sinnen
ist hier Folgendes zu bemerken. Unter dem Begriff der innern
Sinne fasste die Scholastik mehrere Fähigkeiten zusammen, welche
dem Menschen nicht ausschliesslich eigen sind, sondern auch den
höheren Thieren, obwohl in geringerer Vollkommenheit zukommen.
Thomas zählt vier innere Sinne, Albert der Grosse fünf; überhaupt
sind die Ansichten der Scholastiker über die Zahl der innern Sinne
sehr verschieden. Alle sind jedoch darin einverstanden, dass sie
diejenigen psychischen Fähigkeiten und Erscheinungen, welche die
moderne Psychologie unter den Titeln der Einbildungskraft, der
Phantasie und des Gedächtnisses zu behandeln pflegt, unter den
Begriff der inneren Sinne subsumirt. Ausserdem werden zu den
inneren Sinnen noch gezählt der sensus communis, dessen Function
es ist, die Affectionen der äussern Sinne und die Verschiedenheit
der Objekte verschiedener Sinne zu percipiren; endlich die vis
aestimativa, vermöge welcher Mensch und Thier instinktmässig das
sinnlich Nützliche und Schädliche unterscheiden. Von diesen innern
Sinnen kommt in der scholastischen Erkenntnisslehre, wenigstens

---

*) S. th. Iⁿ. qu. 78. a. 3c.

insoweit es sich um die spezifisch menschliche Erkenntniss handelt, fast ausschliesslich die vis imaginativa in Betracht, weil sie die durch die äussern Sinne gewonnenen Bilder bewahrt und reproduzirt.

In der intellektiven Sphäre des menschlichen Erkennens unterscheidet die gesammte Scholastik einen aktiven und einen receptiven Intellekt. Der erstere heisst in der scholastischen Terminologie intellectus agens, der andere intellectus possibilis, weil er die Möglichkeit in sich trägt, geistige Erkenntnissbilder in sich aufzunehmen und dadurch aktuell erkennend zu werden. Denn der menschliche Intellekt muss von der Potenzialität des Erkennens, worin er anfänglich ist, zur Aktualität fortschreiten. Dieser Uebergang wird vermittelt durch die Thätigkeit des intellectus agens, von welcher wir später Näheres vernehmen werden. Zwischen dem thätigen und receptiven Intellekt nehmen Thomas und die Thomisten einen realen Unterschied an, andere nicht. Dieser Differenzpunkt ist übrigens für unsern Zweck ohne Belang; von Wichtigkeit dagegen ist für uns noch besonders die Grundanschauung der Scholastik über Verschiedenheit und Zusammenhang der aufgezählten Hauptordnungen der menschlichen Erkenntnissvermögen. Die Scholastik lehrt nemlich einerseits einen wesentlichen Unterschied der intellektiven Vermögen und ihrer Erkenntniss von den sensitiven und hiedurch macht die Scholastik Opposition gegen den Sensualismus; andrerseits statuirt die Scholastik eine wesentliche Abhängigkeit der intellektiven Erkenntniss von der sinnlichen, und hiedurch vermeidet sie die Irrthümer eines falschen Idealismus. Diese letztere Seite der scholastischen Erkenntnisslehre ist es hauptsächlich, wodurch sie zu den Naturwissenschaften in harmonische Beziehung tritt. Wir schreiten nun zur nähern Darlegung dieser Beziehung.

Thes. I. Die Scholastiker Albertus der Grosse und der hl. Thomas vertheidigen und begründen die Möglichkeit wissenschaftlicher Naturerkenntniss gegen Heraklit und Plato.

Geschichtliche Bemerkung über die Thesis.

Unter den Philosophieen des griechischen Alterthums waren vorzugsweise zwei, jene des Heraklit und des Plato, nach dem Urtheile der Scholastiker mit den Aufgaben und fundamentalen Voraussetzungen wissenschaftlicher Naturerkenntniss unvereinbar.

Aus welchen Gründen die genannten Scholastiker dieserMeinung waren, werden wir sogleich aus dem, was sie gegen Heraklit und Plato zur Vertheidigung der physischen Wissenschaft vorbringen, ersehen. Beweis der Thesis: a) in Bezug auf Albertus. Albert diskutirt in der Einleitung zur Physik *) die Frage, ob es von physischen Dingen eine Wissenschaft gebe und behauptet, jedoch ohne Angabe von Quellen, Heraklit habe das Wissen überhaupt und das physikalische insbesondre geläugnet und für diese Läugnung drei Gründe vorgebracht. Unter diesen Gründen ist einer, der allerdings in der heraklitischen Fundamentallehre enthalten ist, wenn es auch dahin gestellt bleiben muss, ob Heraklit selbst diesen Grund gegen die Möglichkeit des physikalischen Wissens vorgebracht hat. Bekanntlich ist die Fundamentallehre des Heraklit der Satz, dass Alles in beständigem Flusse des Werdens und Vergehens begriffen sei. Aus diesem Grunde habe Heraklit, so behauptet Albertus und auch Thomas, die Möglichkeit des Wissens von den physischen Dingen geläugnet; denn Wissen gebe es nur von notwendigen und permanenten Dingen, nicht aber von solchen, die stets sich ändern. Albert löst diese Einwendung gegen die physische Wissenschaft dadurch auf, dass er sagt, das Objekt dieser Wissenschaft seien nicht die individuellen Naturdinge, sondern die allgemeinen Wesenheiten; diese aber seien nothwendig und permanent.

b) Beweis in Bezug auf Thomas. In der theologischen Summa 1. 9. 84. a. 1 beantwortet der englische Lehrer die Frage, ob die menschliche Seele die körperlichen Dinge durch den Intellekt erkenne. Er gibt natürlich eine bejahende Antwort, welche vollständig also lautet: Die Seele erkennt die Körper mit einer immateriellen, universalen und notwendigen Erkenntniss. Aus der beigefügten Begründung dieser Thesis müssen wir folgende Momente hervorheben. Um seine Thesis zu rechtfertigen, rekurrirt Thomas zunächst auf die Geschichte der Philosophie und zeigt, dass und warum diejenigen philosophischen Theorien, welche der aufgestellten Thesis entgegenstehen, geirrt haben. Als solche Theorien werden jene der Jonier und des Plato bezeichnet. Die erstern haben in ihrer materialistischen Richtung nur körperliche Dinge anerkannt

---

*) Lib. I. Phys. tract. I. c. 2. Opp. edit. Jammy. Tom. II. p. 2.

und da diese in beständiger Veränderung begriffen sind, so sei die skeptische Meinung entstanden, dass ein festes sicheres Wissen von den Dingen in der Welt nicht möglich sei. Im Gegensatz hiezu habe Plato die Möglichkeit des Wissens retten wollen, aber das Mittel, wodurch er diesen Zweck zu erreichen suchte, nemlich seine Ideenlehre, sei hiezu ganz ungeeignet und beruhe selbst auf falschen Voraussetzungen. Denn die Ideen, welche nach der Hypothese von Plato das eigentliche Objekt der intellektuellen Erkenntniss bilden, sind ja nach platonischer Lehre immaterielle und unbewegliche, den materiellen Dingen nicht immanente, sondern davon getrennte Formen. Hieraus aber würde folgen, dass nichts Bewegtes und Materielles eigentliches Objekt des menschlichen Wissens wäre; Bewegung und Materie wäre von den Objekten menschlicher Wissenschaft ausgeschlossen. Nun aber ist es der Naturwissenschaft, fährt Thomas fort, eigenthümlich, dass sie die Bewegungen materieller Dinge zum Objekt hat und aus Bewegursachen Beweise führt. Folglich läugnet die platonische Theorie in ihrer Consequenz die Möglichkeit der Naturwissenschaft.

Wir sehen hieraus, wie dem hl. Thomas daran gelegen ist, gegenüber Plato die Möglichkeit einer wissenschaftlichen Erkenntniss der Körperwelt, also der Naturwissenschaft zu erweisen und er thut dies im weitern Verlauf desselben Artikels in zweifacher Weise. Zuerst bemerkt Thomas in erkenntnisstheoretischer Hinsicht, Plato sei bei Aufstellung seiner Ideenlehre wahrscheinlich von der Voraussetzung ausgegangen, dass die objektive Seinsweise der erkannten Dinge und ihre Seinsweise in der erkennenden Intelligenz von gleicher Art sein müsse; denn aus diesem Grunde, so scheint es, nahm Plato, um die Möglichkeit unwandelbaren Wissens zu begründen, eine unwandelbare immaterielle Ideenwelt als Objekt des Wissens an. Jene Voraussetzung, sagt dagegen Thomas, sei unnöthig und unrichtig, wie schon aus der Betrachtung des sinnlichen Erkennens hervorgehe, denn in den Objekten der sinnlichen Wahrnehmung z. B. des Sehens sei die Form mit der Materie verbunden; der Sinn aber nehme bei der Wahrnehmung die Form des Objektes ohne die Materie in sich auf. In analoger Weise nehme, wenn es sich um intellektuelle Erkenntniss der Körperwelt handle, die Intelligenz die Formen der körperlichen Dinge, welche in sich materiell und beweglich sind, in einer immateriellen und unbeweglichen Weise

auf. In dieser Weise begründet Thomas die Möglichkeit eines
festen und notwendigen Naturwissens von Seite des erkennenden
Subjektes. Hiezu kommt in der Auflösung einer Objektion (der 3ten)
noch eine andere Nachweisung der Möglichkeit der Naturwissenschaft von Seiten ihres Objektes. Die dritte von Thomas selbst
erwähnte Einwendung gegen die Möglichkeit der intellektuellen
oder wissenschaftlichen Erkenntniss der Körperwelt lautet nemlich:
das Objekt der intellektuellen Erkenntniss sei das Notwendige und was
immer in gleicher Weise sich verhalte; die körperlichen Dinge aber
seien beweglich und ihr Verhalten unterliege beständiger Veränderung; folglich · könnten sie nicht Objekt der intellektuellen
oder wissenschaftlichen Erkenntniss sein   Aus der Antwort, welche
Thomas auf diese Einwendung gibt, heben wir nur einen Satz hervor,
worin eine besonders wichtige Coincidenz der thomistischen Philosophie mit der modernen Naturforschung liegt. Der Satz, den wir
im Auge haben, lautet: Rerum etiam mutabilium sunt im-
mobiles habitudines. Auch in den veränderlichen Dingen gibt es
unveränderliche Verhältnisse. Es ist nicht schwer in den modernen
Naturwissenschaften dasjenige Grundelement, das mit dem angeführten Satze von Thomas coincidirt, aufzufinden; es ist das, was
die Naturwissenschaft in dem Begriff der Naturgesetze zusammenfasst.

Wenn auch der naturwissenschaftliche Begriff des Gesetzes
durch den thomistischen Begriff von den unveränderlichen Verhältnissen in den veränderlichen Dingen nicht vollkommen gedeckt
oder erschöpft wird, so sind doch die unveränderlichen oder constanten
Verhältnisse das wesentlichste Element in allen physischen Gesetzen.
Schon die Art und Weise, wie die Naturgesetze gewöhnlich ausgesprochen und formulirt werden, ist ein Beweis dafür, wie wesentlich
das Verhältniss für das Naturgesetz sei. Denn Naturgesetze werden
theils in hypothetischen Urtheilen, theils in Gleichungen und Proportionen formulirt. In allen diesen Ausdrucksweisen sind aber
constante Verhältnisse ausgesprochen. Thomas trifft also, indem
er das Dasein constanter Verhältnisse in den veränderlichen körperlichen Dingen behauptet, mit der Lehre der Naturwissenschaft,
dass die Vorgänge in der Körperwelt nach constanten Gesetzen
erfolgen, zusammen. Die Harmonie erstreckt sich aber noch weiter.
Thomas behauptet nemlich nicht blos das Dasein unveränderlicher
Beziehungen in den veränderlichen Dingen, sondern er will hiemit

die Möglichkeit wahrer Naturwissenschaft beweisen. Auch in diesem Punkte stimmt seine Lehre mit den Grundanschauungen der modernen Naturforscher überein, denn auch diese behaupten oder setzen stillschweigend voraus, dass nur dann wahre und exakte Naturwissenschaft möglich sei, wenn es in dem bunten Wechsel der Naturerscheinungen constante, allgemeine Gesetze gibt, und alle Naturwissenschaften rechnen es desshalb zu ihrer Aufgabe, solche Gesetze nachzuweisen. Jedes einzelne Naturgesetz aber, welches die moderne Naturforschung wirklich nachgewiesen hat, oder in Zukunft noch nachweisen wird, ist eine Bestätigung des allgemeinen Satzes des grossen Scholastikers von den unwandelbaren Verhältnissen in den wandelbaren Dingen. Wir erinnern beispielsweise nur an die von der modernen Chemie entdeckten Gesetze der chemischen Verbindungen. Trotz aller Bewegungen und Veränderungen, denen die Stoffe unterliegen, sind doch die Verhältnisse in welchen sie sich verbinden, constant. Freilich waren sowohl die chemischen, als physikalischen Naturgesetze im Einzelnen dem hl. Thomas und der gesammten mittelalterlichen Scholastik noch unbekannt, aber die allgemeine Idee von dem, was die moderne Wissenschaft Naturgesetz nennt, hatte Thomas und der allgemeine Satz, in welchem er diese Idee ausgesprochen hat, ist eine Art Anticipation dessen, was die spätere Naturforschung im Einzelnen nachgewiesen hat.

Thesis II. Nach der Lehre der angesehensten Scholastiker, insbesondere des hl. Thomas, ist das proportionirte und nächste Objekt der intellektuellen Erkenntniss des Menschen im gegenwärtigen Leben das Intelligible in den sinnlichen und materiellen Dingen; dieses aber ist zugleich das Objekt der Naturwissenschaften; also ist nach der scholastischen Erkenntnisslehre das Erkenntnissobjekt der Naturwissenschaften dasjenige, welches der natürlichen menschlichen Erkenntniss am nächsten liegt.

Beweis. Wir nehmen den Beweis für diese Thesis vor Allem aus den Werken des hl. Thomas und der Thomisten, weil sie am bestimmtesten über diesen Punkt sich aussprechen.

a) Thomas S. th. I. 9. 84 a. stellt die Thesis auf, dass die menschliche Intelligenz, solange sie im sterblichen Körper wohnt,

nur durch Vermittlung sinnlicher Vorstellung etwas zu erkennen
vermöge. Wir werden bald auf diese Thesis zurückkommen. Für
jetzt heben wir aus der Beweisführung nur das hervor, was auf
die Bestimmung des Objektes der intellektuellen Erkenntniss sich
bezieht. In der Beweisführung für die erwähnte Thesis sagt Thomas:
„Da der menschliche Geist mit einem Leibe vereinigt ist, so ist
das eigenthümliche Objekt seiner Erkenntniss die Wesenheit oder
Natur in der körperlichen Materie und durch die Erkenntniss der
Natur der sichtbaren Dinge steigt er zu einiger Erkenntniss der
unsichtbaren auf." Auch in dem nächstfolgenden Artikel (8) derselben
Quaestio sagt Thomas womöglich noch bestimmter: „proprium objectum
intellectui nostro proportionatum est natura rei sensibilis"; und etwas
weiter unten in demselben Artikel: „non posset esse perfectum judicium
scieutiae naturalis de rebus naturalibus, sisensibilia ignorarentur."

Vernehmen wir über diesen Punkt noch den Thomisten Bannez,*)
der in seinem Commentar zur Summa des hl. Thomas noch ein-
gehender über das Objekt der intellektuellen Erkenntniss sich aus-
spricht. Er unterscheidet ein Objekt, welches bewegend zur Intelligenz sich verhält, indem es den menschlichen Geist zur Erkenntnissthätigkeit anregt, objectum motivum; und ein Objekt,
auf welches die menschliche Erkenntniss sich bezieht und erstreckt,
ohne davon direkt angeregt oder bewegt zu sein; objectum termina-
tivum. Auf Grund dieser Unterscheidung lehrt dann Bannez, es
sei allgemeine Sentenz der Theologen und Philosophen, dass das
motive Objekt der geistigen Erkenntniss des Menschen in dem
Wesen der sinnlichen Dinge liege, weil die mit dem Körper ver-
einigte Menschenseele nichts anderes zu erkennen vermöge als
entweder die materiellen Dinge selbst oder was in diesen mittelbar
sich offenbart. Indem er sodann dasjenige Objekt, welches er als
terminatives bezeichnet hat, noch besonders in Betracht zieht,
unterscheidet er bei diesem Objekt das adaequate oder vollständige
welches alles umfasst, was der Mensch intellectuell erkennen kann,
von dem proportionirten und connaturalen Objekt, und behauptet,
das letztere sei für die menschliche Intelligenz im gegenwärtigen,
Leben die Wesenheit der materiellen Dinge.

Durch diese scholastischen Bestimmungen über das Objekt der
intellektuellen Erkenntniss, wobei nicht die Dignität, welche den

---

*) Comment. in S. th. I. qu. 84. a. 7. comm.

Objekten an sich zukommt, sondern ihr Verhältniss zu der menschlichen Erkenntnissfähigkeit in Betracht kommt, wird demjenigen Erkenntnissobjekt, welches in der sinnenfälligen Körperwelt gegeben ist, ein zweifacher, freilich nicht metaphysicher, sondern noetischer Vorzug vor andern Objekten zugesprochen; erstens nemlich der Vorzug, dass dieses Objekt direkt den Menschengeist zur Erkenntnissthätigkeit anrege, dass es objectum motivum sei; zweitens, dass dieses Objekt für die menschliche Intelligenz im sterblichen Leibe das proportionirte, das naturgemässeste sei.

Mit diesen thomistischen Bestimmungen des nächsten und proportionirten Objektes der menschlichen Intelligenz stimmt vollkommen überein, was Albertus über denselben Gegenstand lehrt. Wo er in seiner Metaphysik *) von den Ursachen der Schwierigkeiten der speculativen Erkenntniss handelt, vergleicht er die verschiedenen Ordnungen der Erkenntnissobjekte mit verschiedenen Daseinsformen des Sonnenlichtes, wie er denn überhaupt sehr oft das körperliche Licht dazu verwendet, um geistige Dinge und Vorgänge durch Gleichnisse zu veranschaulichen. Er unterscheidet drei Existenzweisen des Sonnenlichtes, in der Sonne selbst, in klarer heiterer Himmelsluft und in der irdischen Atmosphäre und Körperwelt, wo das Licht theilweise mit Finsterniss gemischt ist. Mit diesen drei Seinsweisen des Sonnenlichtes setzt Albert die Objekte der intellektuellen Erkenntniss in Parallele. Das höchste Objekt dieser Erkenntniss sei Gott, die höchste Ursache. Wie aber das menschliche Auge in diesem Leben das direkte Sonnenlicht nicht einmal in der Abschwächung, wie es zu uns kommt, verträgt, geschweige denn, wie es im Sonnenkörper selbst ist, so kann auch die menschliche Intelligenz in diesem Leben Gott, obwohl er an sich das am meisten intelligible Objekt ist, nicht direkt und unmittelbar erkennen. Mit dem Lichte, wie es in dem klaren Aether des Himmels ist, korrespondirt nach Albert in der Welt der intelligibeln Erkenntniss das Objekt der mathematischen Wissenschaften, weil es von der sinnlichen Materie abstrahirt. Als das Analogon des Sonnenlichtes in den irdischen Regionen bezeichnet er das Objekt der physischen Wissenschaften und behauptet, dass mit diesem Lichte die intellektuelle Erkenntniss und Wissenschaft des Menschen beginne.

*) Opp. T. III. q. 70.

„Der menschliche Intellekt, weil er ein Vermögen der menschlichen Seele ist, ist verbunden mit Imagination und sinnlicher Wahrnehmung und desswegen beginnt seine Erkenntniss mit dem Lichte, das mit Finsterniss gemischt ist." Die menschliche Intelligenz gleicht im Anfange, sagt Albert, dem Auge der Nachteule; sie kann nur im gedämpften Lichte sehen; aber während das Auge der Nachteule bleibt, wie es ist, wird die menschliche Intelligenz durch die einmal gewonnenen Erkenntnisse und durch fortschreitende Forschung mehr und mehr geschärft; sie kommt aus dem Helldunkel in das reine Licht und vom reinen Lichte endlich zur Urquelle des Lichtes.

Wir sehen hieraus, dass auch Albert der Grosse, von welchem übrigens schon wegen seiner vorwiegend physikalischen Geistesrichtung nichts andres zu erwarten war, der menschlichen Intelligenz als erstes und natürlichstes Objekt das der physikalischen Wissenschaften zuweist.

Zum Abschluss der Begründung unsrer zweiten Thesis wollen wir noch aus den scholastischen Bestimmungen über das primäre Objekt der intellektuellen Erkenntniss das Facit, d. h. die Conklusion ziehen, welche sich aus den gegebenen Prämissen ergibt bezüglich der Stellung der Scholastik zur Naturwissenschaft.

Die Scholastik lehrt: für die menschliche Intelligenz während des irdischen Lebens ist das Allgemeine, Wesentliche und Permanente in der sinnlichen und körperlichen Welt das objectum proprium, proportionatum, connaturale et primarium. Nun aber ist eben dieses von der Scholastik so sehr betonte und hochgeschätzte Objekt menschlicher Erkenntniss identisch mit dem Objekt der Naturwissenschaften. Die Conklusion aus dieser Identität ergibt sich von selbst.

Thesis III. Scholastik und moderne Naturwissenschaft sind darin einverstanden, dass sinnliche Anschauung und Vorstellung unentbehrliche Vorbedingungen und Hilfsmittel aller wissenschaftlichen Erkenntniss des Menschen im gegenwärtigen Leben sind, aber die Scholastik vermeidet bei dieser Geltendmachung des sinnlichen Fundamentes der Erkenntniss den Sensualismus und Materialismus.

Beweis. In Folge des engen Zusammenhangs dieser Thesis

mit der vorausgehenden ist Einiges von dem, was zum Beweis dieser Thesis gehört, schon in dem Beweis der vorausgehenden berührt worden. Uebrigens ist die dritte Thesis von der zweiten, wie schon der Wortlaut zeigt, doch wesentlich verschieden; in der zweiten haben wir die Lehre der Scholastik über das Objekt der intellektuellen Erkenntniss kurz dargestellt, in der dritten handelt es sich um die Vorbedingungen und Hilfsmittel der intellektuellen Erkenntniss.

Wir haben drei Hauptpunkte zu beweisen; der erste ist, dass nach der Lehre der Scholastik sinnliche Anschauung und Vorstellung unentbehrliche Vorbedingungen und Hilfsmittel aller intellektuellen oder wissenschaftlichen Erkenntniss des Menschen seien; der zweite Beweispunkt ist, dass in dieser Beziehung die moderne Naturwissenschaft dasselbe lehre oder voraussetze, der dritte, dass die Scholastik bei aller Geltendmachung des sinnlichen Fundamentes der Erkenntniss dennoch den Sensualismus und Materialismus vermeide.

Beweis aus den Werken des hl. Thomas von Aquin und des sel. Albertus.

In seiner theologischen Summa I. qu. 84, a. 6 stellt Thomas die Frage: Utrum intellectiva cognitio accipiatur a rebus sensibilibus? Seine Antwort in der conclusio ist: „Intellectiva cognitio fit a sensibili, non sicut a perfecta et totali causa, sed potius sicut a materia causae.“

Diese Conklusion oder Thesis enthält drei Sätze, wovon der erste bejahend, der zweite verneinend, der dritte wieder bejahend ist. Bei Begründung dieser Thesis im Körper des Artikels gibt Thomas zunächst eine kurze Darstellung und Kritik von den Theorien dreier griechischer Philosophen, des Demokrit des Plato und des Aristoteles, über den Ursprung der menschlichen Erkenntnisse. Von Demokrit wird gesagt, er habe keine andern Ursachen, als körperliche für die Entstehung und Erklärung der menschlichen Erkenntnisse angenommen und zwar aus dem Grunde, weil er zwischen Sinnlichkeit und Intelligenz keinen Unterschied machte. Ueberdiess habe er für die Entstehung der sinnlichen Erkenntniss ein Ueberfliessen von Bildern aus den Objekten in das erkennende Subjekt angenommen. *)

---

*) Mit dieser Darstellung der Lehre Demokrits bei Thomas stimmt die in Zellers Philosophie der Griechen 3. Aufl. Bd. 1, S. 740 fg. in allen wesentlichen Punkten überein.

Zu dieser rein sensualistischen und materialistischen Theorie steht die aristotelisch-thomistische in einem dreifachen Gegensatze. Der erste Gegensatz ist, dass schon bei der Erklärung der sinnlichen Anschauung oder Wahrnehmung nicht ein materielles Ueberströmen von Atomen und Bildern aus dem Objekt in das Subjekt, sondern nur ein Affizirtwerden (immutatio) der Sinnesvermögen durch die Objekte statuirt wird. Zweitens behauptet Thomas mit Aristoteles, dass die Intelligenz eine von der Sinnlichkeit wesentlich verschiedene, höhere Erkenntnisskraft sei. Hieraus folgt dann als dritter Gegensatz gegen Demokrit, dass die sinnlichen Vermögen und ihre Funktionen zwar eine Ursache, aber nicht die einzige und vollständige für die Entstehung der menschlichen Erkenntnisse sind, da ja nach Thomas die Intelligenz als höhere Wirkursache bei der Entstehung der intellektiven Erkenntnisse thätig ist. In diesen Punkten stimmt die aristotelisch-thomistische Theorie mit der platonischen überein. Zwischen diesen beiden aber werden zwei Differenzpunkte hervorgehoben. Nach der platonischen Theorie, sagt Thomas, entsteht erstens die intellektuelle Erkenntniss, was ihren Inhalt betrifft, nicht aus der sinnlichen, zweitens entsteht selbst die sinnliche Erkenntniss nicht ganz, d. h. ihrem Inhalte nach, aus den sinnlichen Dingen, sondern die sinnlichen Dinge erregen blos die sinnliche Seele zur sinnlichen Thätigkeit und die Sinne erregen sodann die Intelligenz zur Thätigkeit. Auf den letztern Punkt brauchen wir hier nicht näher einzugehen. Was aber den erstern Punkt betrifft, so lehrt Thomas und die gesammte Scholastik im Gegensatz zu Plato und allen jenen, welche angeborne Ideen statuiren, die menschliche Intelligenz sei in ihrem Erkennen von der Sinnlichkeit nicht blos insofern bedingt, als die sinnliche Thätigkeit der intellektuellen vorausgehen müsse, was auch Plato anerkannte, sondern die Intelligenz gewinne auch allen Erkenntnissinhalt, alle Ideen auf der Grundlage und mit Hilfe der sinnlichen Wahrnehmungen. Die aus sinnlichen Eindrücken entstehenden sinnlichen Vorstellungsbilder nennt die Scholastik phantasmata. Thomas sagt desshalb, wo er von der Entstehung der intellektuellen Erkenntniss aus der sinnlichen spricht: „ex parte phantasmatum intellectualis operatio a sensu causatur."*) Dasselbe

---

*) S. th. 1. 9. 84. a. 6. c.

hat übrigens schon vor Thomas auch Albertus ausgesprochen in dem Satze: omnis nostra scientia oritur ex sensibus. *) Was nun die Begründung dieser Behauptung bei Thomas anlangt, so wird im 6. Artikel der bezeichneten Quaestio die aufgestellte Conclusio nur dadurch begründet, dass die Lehre des Aristoteles dargelegt und adoptirt wird. Es kommt hiezu aber noch eine eingehendere Begründung im nächstfolgenden Artikel, wo der Satz bewiesen wird, dass der menschliche Geist im sterblichen Leibe keine Erkenntnissfunktion ausüben könne ohne die Beihülfe sinnlicher Vorstellungsbilder. Bei der Erklärung und Begründung dieser Thesis wird ausdrücklich bemerkt, sie beziehe sich sowohl auf die erste Gewinnung der intellektuellen Erkenntniss als auch auf den Gebrauch der schon erworbenen, beides sei nur möglich mit Hilfe der Sinnesbilder. Die Begründung wird hergenommen aus Erfahrungsthatsachen, und aus der Natur des menschlichen Geistes. Die erste Erfahrungsthatsache, auf die Thomas sich beruft, ist der störende Einfluss, den die Verletzungen der Organe der äussern und innern Sinne auf die Thätigkeiten der Intelligenz üben. Diese Störungen könnten nicht eintreten, sagt Thomas, wenn die Intelligenz zu ihrer Thätigkeit nicht die Sinnesbilder, die von äusern und innern Sinnen dargeboten werden, bedürfte. Nun aber finden solche Störungen statt. Wir bemerken, fügt Thomas bei, dass in solchen Fällen, wo die sinnliche Vorstellungsthätigkeit oder Erinnerungskraft gehemmt ist, sei es durch Verletzung des Organs oder Schwachsinnigkeit, zugleich auch die intellektive Erkenntnissthätigkeit gehemmt ist, sogar in Bezug auf schon erworbene Erkenntnisse.

Den zweiten Erfahrungsbeweis für seine Thesis entnimmt Thomas aus einer psychologischen Thatsache, die jeder nachdenkende Mensch in sich selbst beobachten könne und darin besteht, dass wir, wenn wir intellektuelle Wahrheiten uns klar machen wollen, irgendwelche sinnliche Vorstellungen und Bilder als Beispiele oder Gleichnisse zu Hilfe nehmen. Ein drittes Argument ist hergenommen von den Mitteln, die man anzuwenden pflegt, um andern, namentlich Anfängern, intellektuelle Wahrheiten durch Unterricht beizubringen, denn auch in diesem Falle gebrauche der Lehrende Beispiele und Gleichnisse, um durch sinnlich Anschauliches den Schüler zur Auffassung des Intellektuellen zu führen.

*) Alb. Op. tom. III. p. 155. a.

Alle diese Erfahrungsbeweise des hl. Thomas für die Abhängigkeit der intellektuellen Erkenntniss von der sinnlichen,
namentlich der erste und dritte, werden durch die moderne Naturwissenschaft bestätigt und zwar der erste Beweis des hl. Thomas
durch die Ergebnisse der Physiologie, Pathologie und Psychiatrie
welche im Ganzen genommen bezeugen, dass Verletzungen und
abnorme Zustände der innern Sinnesorgane, resp. des Gehirnes in der
Regel auf die intellektive Thätigkeit einen störenden oder hemmenden
Einfluss haben. *)

Das dritte von Thomas vorgebrachte Argument, das von den
Unterrichtsmitteln hergenommen ist, wird von der modernen Naturwissenschaft anerkannt durch ihre Unterrichtsmittel und Lehr-
methode, denn es ist ja bekannt, welche wichtige Rolle im modernen Unterrichtswesen, vor allem in den Naturwissenschaften
die anschaulichen Demonstrationsmittel spielen. Diese Mittel, wie
sie in unserer Zeit für die Zwecke des Unterrichtes hergestellt
sind, hatte man allerdings zur Zeit des hl. Thomas von Aquin
noch nicht. Aber den Nutzen und die Notwendigkeit sinnlicher
Demonstrationsmittel für die Mittheilung intellektueller Erkenntnisse hat schon der grosse Scholastiker klar erkannt und ausgesprochen.
Was er vor sechs Jahrhunderten als notwendig bezeichnet hat, ist
jetzt viel vollkommener als damals verwirklicht. Wir müssen
übrigens, wenn von sinnlichen Demonstrations- und Erklärungs-
mitteln für intellektuelle Dinge die Rede ist, zwei Hauptklassen
solcher Mittel unterscheiden, die eine Klasse von Mitteln wird dem
äussern, die andere dem innern Sinne dargeboten.

Es kann ein Lehrer im Interesse der Klarheit und leichtern
Verständlichkeit das Intellektuelle durch Analogien aus dem Gebiete
des Sinnlichen, und das Abstrakte durch concrete Beispiele oder
Einzelfälle erläutern, ohne dass er das Sinnliche und Concrete der
äussern sinnlichen Anschauung vorführt. In diesem Falle ist zwar
nicht dem äussern, aber doch dem innern Sinne der Phantasie ein
sinnliches Hilfsmittel zur Erfassung des Intellektuellen dargeboten.
Diese Art sinnlicher Hilfsmittel sowohl für die eigene Erfassung
intellektueller Dinge, als auch für die Belehrung Anderer standen

---

*) Die von Scheidemacher in dem Buch: Das Seelenleben etc. S. 279 fg.
nachgewiesenen Fälle stossen die Behauptung des hl. Thomas nicht um.

den Scholastikern gerade so zur Verfügung, wie uns, und sie machen fleissig davon Gebrauch. Bei der andern Art sinnlicher Hilfsmittel, welche durch den äussern Sinn aufgefasst werden, sind noch zwei Unterarten, nemlich die natürlichen und künstlichen zu unterscheiden. Was nun die letztern betrifft, so ist bekannt, dass die durch die menschliche Erfindung und Kunst hergestellten Demonstrationsmittel, namentlich physikalische Apparate und Experimente, woran die moderne Zeit so reich ist, in der Blüthezeit der Scholastik soviel wie gänzlich fehlten. Aber indem die Scholastik die Notwendigkeit sinnlicher Anschauung für die Entwicklung der intellektuellen Erkenntniss so nachdrücklich als nur möglich, lehrte und nachwies, hat sie das allgemeine Bedürfniss ausgesprochen, woraus die Erfindung und der Gebrauch künstlicher Demonstrationsmittel nur als eine Folge hervorgegangen sind.

Auf die empirischen Gründe für die Abhängigkeit der intellektuellen Erkenntniss von der sinnlichen lässt Thomas noch eine metaphysische Begründung folgen, hergenommen aus der Natur des menschlichen Geistes, der in Folge seiner Verbindung mit einem materiellen Körper das Intelligible zunächst in den körperlichen Dingen, und desshalb durch sinnliche Bilder vermittelt, erfassen müsse.

Dies sind die Gründe, mit welchen Thomas beweist, dass für die intellektuelle Erkenntniss sowohl bei ihrer Entstehung als bei dem spätern Gebrauche sinnliche Bilder als Hilfsmittel notwendig seien. Wir bemerken hiezu noch, dass hinsichtlich der Notwendigkeit der Sinnesbilder bei der Entstehung der intellektuellen Erkenntniss alle Scholastiker einverstanden sind ; bezüglich der absoluten Notwendigkeit der Sinnesbilder für intellektuelle Erkenntnissakte eines menschlichen Geistes, der schon intellektuelle Erkenntniss besitzt, bestehen differente Ansichten, von deren Erörterung wir hier absehen können. *)

Wir haben nun aber den zweiten Theil der von Thomas aufgestellten Thesis über die Notwendigkeit der sinnlichen Erkenntniss für die intellektuelle näher in Betracht zu ziehen. Thomas beschränkt nemlich seine Behauptung, dass die intellektuelle Er-

---

*) Albert lehrt hierüber anders als Thomas. Opp. Tom. III. p. 154.

kenntniss aus der sinnlichen entstehe durch den Beisatz: „non sicut a perfecta et totali causa," d. h. die Sinnlichkeit ist nicht die vollständige Entstehungsursache der intellektuellen Erkenntniss. Diese Beschränkung ist gegen den Sensualismus gerichtet. Die thomistische Erkenntnisslehre lässt zwar, wie wir gesehen, der Sinnlichkeit volles Recht wiederfahren, aber sie ist desshalb nicht sensualistisch, wie ihr schon vorgeworfen worden ist. Es sind vorzugsweise drei Lehrpunkte, wodurch die thomistische Erkenntnisslehre den Sensualismus ausschliesst. Erstens nemlich lehrt sie, dass das intellektive Erkenntnissvermögen von den sinnlichen wesentlich verschieden sei. Die sinnlichen Vermögen, sowohl die äussern als innern, vollziehen ihre Akte durch körperliche Organe, der Intellekt aber gebraucht, wie Thomas und die gesammte Scholastik lehrt, kein körperliches Organ zum Vollzug der ihm eigenthümlichen Akte, er ist eine vis, non utens corporali organo. Zweitens lehrt Thomas und überhaupt die Scholastik, dass die sinnlichen Objekte und die sinnlichen Vermögen des Menschen zwar eine unentbehrliche Ursache, aber nicht die einzige und vollständige für die Entstehung und Erklärung der intellektuellen Erkenntnisse sei. Drittens wird der sinnliche Faktor als die untergeordnete Ursache, als materia causae, der Intellekt aber als die übergeordnete, als causa agens, bei der Entstehung der intellektiven Erkenntniss bezeichnet.

Diese Zurückweisung des Sensualismus von Seiten der Scholastik einerseits und die vorher nachgewiesene starke Geltendmachung der sinnlichen Elemente der Erkenntniss andrerseits möchte vielleicht Jenen, die mit der Scholastik nicht näher vertraut sind, als ein Widerspruch erscheinen, und jedenfalls drängt sich die Frage auf, wie die thomistische Lehre, dass die menschliche Intelligenz sowohl beim Erwerb als beim Gebrauch intellektueller Erkenntniss ganz von den sinnlichen Bildern abhängig sei, vereinbar sei mit dem andern Satze, dass die menschliche Intelligenz in ihrer Thätigkeit kein körperliches Organ gebrauche. Wenn sie notwendig Sinnesbilder braucht zu ihrer Thätigkeit, ist das nicht ein Zeichen, dass sie auch körperliche Organe gebrauche? Um die Antwort auf diese Fragen im Sinne der Scholastik zu geben, ist zweierlei zu zeigen; erstens in welchem Sinne und mit welchen Gründen die Scholastiker die Unabhängigkeit des Intellekt von körperlichen

Organen behauptet und bewiesen haben; sodann wie diese Lehre
mit der von derselben Scholastik behaupteten Abhängigkeit der
intellektiven Thätigkeit von der sinnlichen vereinbar sei.

Die Thesis, um deren Beweis es sich handelt, drücken die
Scholastiker in verschiedener Weise aus Albert im Anschluss an
Aristoteles gebraucht die Ausdrucksweise: „intellectus est separatus
et immixtus." *) Thomas gebraucht ausser der schon oben erwähnten Bezeichnung des Intellectus als einer Kraft, die keines
körperlichen Organes sich bediene, auch noch andere wesentlich
gleichbedeutende Ausdrücke. Im Comentar zur aristotelischen Schrift
von der Seele bei Erklärung der Stellen, welche vom Unterschiede
zwischen Sinnlichkeit und Intelligenz handeln**), wird gesagt, der
Intellekt habe kein körperliches Organ; auch der von Albert schon
gebrauchte Ausdruck „intellectus est separatus" wird von Thomas an
dem soeben bezeichneten Orte angewendet. Aus dem Zusammenhang, in welchem diese Ausdrücke vorkommen und den vorge-
brachten Argumenten ergibt sich, dass hiemit zunächst gesagt
sein will, die intellektive Erkenntnisskraft des Menschen bediene
sich zum Vollzug der ihr eigenthümlichen Akte nicht eines körperlichen Organes. Wir sagen mit Bedacht „zum Vollzug der
ihr eigenthümlichen Akte" gebrauche die Intelligenz kein körperliches Organ, weil man, wie Thomas an einem andern Orte ***)
bemerkt, wenn von intellektuellen Akten die Rede ist, unterscheiden
muss zwischen Akten, die vom Intellekt unmittelbar vollzogen
werden und ihm immanent sind, und jenen Akten, die von der
Intelligenz blos geboten und regulirt werden. Mit Rücksicht auf
das regulative und beherrschende Verhältniss der intellektiven
Kräfte zu den sinnlichen Kräften und Organen kann man in einem
gewissen Sinne zugeben, dass die Intelligenz auch körperliche Organe, insbesondere die Sinnesorgane gebrauche. Man kann wegen
des Dienstverhältnisses der Sinne und Sinnesorgane zur Intelligenz
sagen, diese gebrauche jene Organe für ihre Operationen und
Zwecke, wie z. B. der Astronom und Physiker bei Beobachtungen
seine Augen gebraucht, zunächst freilich um etwas zu sehen, in

*) Opp. T. III. p. 147. a.
**) Lib. III. lect. VII.
***) S. th. Ia. qu. 112. a. 1 ad. 1.

weiterer Instanz aber, um aus dem Gesehenen eine intellektuelle
Wahrheit zu erkennen. Dass die Intelligenz in diesem Sinne die
körperlichen Organe gebrauche, wird von der Scholastik nicht geläugnet sondern anerkannt. Aber bei dieser Art von Gebrauch
der körperlichen Organe sind dieselben nicht Vollzugsorgane intellektueller Akte, sondern sinnlicher Akte. Wenn der Astronom,
um nochmal auf das vorerwähnte Beispiel zurückzukommen, zuerst
Beobachtungen macht, um dann aus denselben Schlüsse zu ziehen,
so gebraucht er die Augen für die Zwecke der intellektiven Erkenntniss, aber sie sind blos die Vollzugsorgane der sinnlichen
Wahrnehmung, nicht Vollzugsorgane der intellektuellen Operationen,
welche auf die Sinnesanschauung folgen oder dieselbe begleiten.
Eben dieses nun, dass körperliche Organe bei intellektuellen Akten
nicht als Vollzugsorgane dieser Akte funktioniren können und dass
folglich die Intelligenz die ihr eigenthümlichen Akte ohne Gebrauch
eines körperlichen Organes vollziehe, behauptet Thomas und die
ganze Scholastik. Es ist noch zu bemerken, dass diese Ausschliessung
körperlicher Organe vom Vollzug intellektueller Akte nicht blos
auf die äussern Sinnesorgane, sondern auf jede Art von Organ,
also auch auf das Gehirn sich bezieht. Nach scholastischer Lehre
kann weder das ganze Gehirn noch ein Theil desselben Vollzugsorgan der intellektuellen Akte sein. Schon diese Art der Bethäti-
gung des Intellektes ist ein Grund, wesshalb die Scholastik sagt,
der intellectus sei separatus und immixtus. Hiezu kommt jedoch
noch ein tieferer Grund. Da nemlich die Thätigkeitsweise eines
Princips nach der Seinsweise sich richtet, so gestattet jene einen
Rückschluss auf diese; folglich müssen wir, wenn einmal feststeht,
dass der Intellekt ohne Gebrauch eines körperlichen Organes seine
eigenthümlichen Akte vollzieht, schliessen, dass der Intellekt auch
in seiner Seinsweise von körperlichen Organen frei und unabhängig
sei, dass er nicht, wie die sinnlichen Potenzen, mit einem körperlichen Organ verbunden sei. Dass übrigens die Scholastik, indem
sie dem intellectus das Prädikat separatus beilegt, nicht an eine
örtliche Trennung des Intellekt von den übrigen Potenzen der
Seele oder auch vom Körper gedacht hat, bemerkt ausdrücklich
Albertus. *)

*) Tom. III. pag. 133. b.

Es leuchtet von selbst ein, dass diese scholastischen Bestimmungen über die Freiheit des Intellektus von körperlichen Organen sowohl im Sein als in der Thätigkeit einen scharfen Gegensatz bilden gegen Sensualismus und Materialismus. Ueberhaupt ist dieser Lehrpunkt von fundamentaler Wichtigkeit für die Psychologie und Erkenntnisstheorie. Je wichtiger aber ein Lehrsatz ist, um so mehr fordert er eine zureichende Begründung. Es frägt sich also, wie die Scholastik ihren Lehrsatz von der Selbständigkeit des Intellectus begründet habe.

Albert d. G.*) zählt zehn Beweise der Peripatetiker für den erwähnten Lehrsatz auf; darunter sind einige, welche der hl. Thomas bei einem andern, aber mit jenem solidarisch zusammenhängenden Lehrpunkte vorbringt, nämlich bei der Begründung der Thesis, dass der Intellektus vom Sinn wesentlich verschieden sei. Unter den fünf Argumenten der erwähnten Thesis bei Thomas**) sind drei mit ebenso vielen bei Albertus wesentlich identisch. Das erste Argument bei Thomas lautet nemlich: „Das sinnliche Vermögen findet sich bei allen Thieren mit Einschluss des Menschen. Die Intelligenz aber besitzt unter den irdischen Wesen der Mensch allein." Dass sie den Thieren nicht zukomme, folgert Thomas aus der gleichförmigen, durch die Natur determinirten Wirkungsweise der Thiere. Folglich sei die Intelligenz nicht identisch mit der Sinnlichkeit. Hiemit identisch ist das sechste Argument bei Albertus, denn er sagt: „Das sechste Zeichen (für die Freiheit der Intelligenz von körperlichen Organen) ist die Thatsache, dass jedes körperliche Vermögen uns mit den Thieren gemeinsam ist, denn ein Theil wenigstens von den Thieren besitzt alle Sinne und Kräfte, welche an die drei Abtheilungen des Kopfes vertheilt sind. Die vernünftige Seele aber mit ihren (intellektuellen) Kräften findet sich nur im Menschen. Also ist die vernünftige Seele mit ihren Kräften keine körperliche, (d. h. keine durch ein körperliches Organ sich bethätigende) Kraft. Eine Eigenthümlichkeit des Argumentes von Albertus gegenüber jenem von Thomas liegt in der Bezugnahme des Albertus auf das Gehirn als Centralorgan der sinnlichen Vermögen.

---

*) Tom. III. p. 147. a.
**) S. c. g. Lib. II. c. 66.

Er spricht von drei Abtheilungen des Kopfes, resp. Gehirnes, welche er als cellulae bezeichnet; seine Worte sind: „bruta quaedam habent omnes sensus et virtutes, quae determinantur in tribus cellulis capitis. Und von den Menschen redend sagt er: „in quorum capitibus non determinantur nisi tres cellae." Welche anatomischen Theile des Kopfes resp. Gehirnes mit dem Ausdruck tres cellae gemeint und bezeichnet seien, ob etwa das Grosshirn, das Kleinhirn und das verlängerte Mark, oder die zwei Hälften des Grosshirn und das Kleinhirn, ist nicht gesagt und wollen wir dahin gestellt sein lassen. Offenbar hat Albert, da er von den sinnlichen Vermögen der Thiere und Menschen sagt „determinantur in tribus cellulis" an eine Art Lokalisirung der Sinnesvermögen gedacht. Noch einen Punkt glauben wir besonders hervorheben zu müssen aus dem Argument von Albert, nemlich diesen: Albert betont, dass auch im menschlichen Schädel, resp. Gehirne wie im thierischen nur drei cellulae seien, folgert aber gerade daraus, dass die menschliche Intelligenz keines körperlichsn Organes sich bediene. Um diese Folgerung zu verstehen, müssen wir wohl einen Zwischengedanken ergänzend voraussetzen, und zwar den, dass bei der Voraussetzung, die menschliche Intelligenz bedürfe ebenfalls eines körperlichen Organes zu ihren Operationen, im menschlichen Gehirne ein besonderes Organ oder eine besondere Abtheilung (cellula) sich vorfinden müsste. Es müsste daher das menschliche Gehirn eine cellula mehr haben als das thierische, weil der Mensch ausser den sinnlichen Vermögen, die er mit den Thieren gemein hat, auch noch die Intelligenz besitzt. Da nun dieses nicht der Fall ist, so folgt, dass für die Intelligenz kein besonderes körperliches Organ vorhanden ist. Wir sehen, dass Albert aus der Uebereinstimmung des menschlichen Gehirnes mit dem Gehirne der höhern Thiere, woraus der Materialismus Argumente für seine Theorie entnehmen zu können glaubt, ein direkt gegen den Materialismus gerichtetes Argument zieht, welches an Kraft gewinnt, wenn wir ihm eine etwas allgemeine Fassung geben, etwa folgende: In Folge des Besitzes der Intelligenz ist der Mensch in seinen psychischen Fähigkeiten und Thätigkeiten allen Thieren, auch den höchsten, so sehr überlegen und von letztern so sehr verschieden, dass die Verschiedenheit der körperlichen Organe der psychischen Kräfte, insbesondere der Gehirne in keiner Proportion steht zu jener psychischen Verschiedenheit, welche durch die menschliche Intelligenz begründet ist. Diese Disproportion zwischen Verschiedenheit der Organe und Verschiedenheit der psychischen Fähigkeiten bei Menschen und Thieren erklärt sich vollkommen nur unter der Voraussetzung, dass der Mensch in der Intelligenz eine psychische Fähigkeit besitzt, die keines Organes bedarf und keines gebraucht. Denn da gerade diese Fähigkeit, welche keines Organes sich bedient, den wesentlichen Unterschied der menschlichen Seele von der thierischen und die immense Ueberlegenheit der erstern begründet, so können wir nicht erwarten, dass die Grösse der psychischen Verschiedenheit zwischen Mensch und Thier ihren vollen Ausdruck finde in einer entsprechend grossen Verschiedenheit der körperlichen Organe, deren die Seele sich bedient.

Es dürfte hier bei Erörterung von Argumenten, die gegen den Materialismus gerichtet sind, der passende Ort sein, einen methodischen oder erkenntnisstheoretischen Grundirrthum des Materialismus hervorzuheben. Wenn es sich darum handelt, aus Erscheinungen einen Rückschluss zu machen auf das in den Erscheinungen sich manifestirende Wesen, iusbesondere aus den Erscheinungen oder Manifestationen beseelter Wesen einen Rückschluss zu machen auf die Natur und Beschaffenheit der Seele, so sind vor allem zwei Hauptklassen von Erscheinungen zu unterscheiden: erstens nemlich die bleibende körperliche Gestalt mit den ihr anhaftenden Eigenschaften, zweitens die Wirkungen oder Bethätigungsweisen. Zur Erläuterung dieser Unterscheidung mögen ein paar Beispiele dienen. Wenn der Chemiker oder Mineralog die chemische oder mineralogische Natur eines Körpers bestimmen soll, so bieten sich ihm zweierlei Erscheinungen dar, erstens nemlich permanente Eigenschaften, die der Körper zeigt, ohne dass es nöthig ist, ihn auf andre einwirken zu lassen, wie z. B. seine Krystallform, seine Farbe; zweitens bieten sich Erscheinungen dar, welche der Chemiker als Reaktionen, als chemische Wirkungen eines Körpers auf einen andern bezeichnet. Die erstern Erscheinungen sind physikalische, die letztern spezifisch chemische. Da bei der ersten Klasse von Erscheinungen die Gestalt, bei der zweiten die Wirkungsweise die Hauptrolle spielt, kann man etwa die ersten als morphologische, die andern als dynamische Erscheinungen und Manifestationen bezeichnen.

Diese Unterscheidung zwischen morphologischen und dynamischen Manifestationen eines Wesens empfiehlt sich ganz besonders bei lebenden und bei beseelten Wesen, am allermeisten beim
Menschen; denn die Seele des Menschen, sowie auch der Thiere,
manifestirt sich einerseits morphologisch in der Beschaffenheit
der körperlichen Organisation und Gestalt, andrerseits dyna-
misch in den Verrichtungen und Wirkungen. Nun ist aber
wohl zu beachten, dass diese zwei Klassen von Erscheinungen
oder Manifestationen des unsichtbaren Wesens der Dinge für die
Erkenntniss des Wesens selbst von ungleichem Werthe sind und
zwar haben im Allgemeinen die dynamischen Manifestationen, die
Operationen und Wirkungen einen höhern Erkenntnisswerth, als
die morphologischen Erscheinungen; jedenfalls gilt dies dann, wenn es
sich um die Erkenntniss der Seele. und insbesondere der menschlichen
Seele oder um psychische Eigenschaften und Fähigkeiten handelt.
Der Rückschluss von der körperlichen Gestalt eines Menschen auf
seine psychischen Fähigkeiten oder auf seinen moralischen Charakter
ist bekanntlich sehr unsicher. Einen viel bessern Anhaltspunkt
bieten die Worte, die Werke und Handlungen eines Menschen.
Als der Gottmensch auf Erden wandelte und wirkte, konnte kein
Mensch aus seiner menschlichen Gestalt seine höhere göttliche
Dignität mit Sicherheit erkennen, aber aus seinen göttlichen Werken
und Worten konnte sie erkannt werden. Je höher die Rangord-
nung, der ein Objekt angehört, ist, um so mehr ist die dynamische
Manifestation desselben für die Erkenntniss entscheidend. Für
die natürliche Erkenntniss rein geistiger Wesen, welche keine
sinnliche Gestalt haben, sind ihre dynamischen Kundgebungen
die einzigen Erkenntnissmittel.

Diese wichtige erkenntnisstheoretische Wahrheit wird vom
modernen Materialismus ganz und gar verkannt und in das Ge-
gentheil verkehrt. Diess gilt besonders vom anthropologischen
Materialismus und vom Darwinismus, der aus den morphologischen
Aehnlichkeiten zwischen dem Menschen und den höhern Thieren
auf eine Wesensgleichheit der menschlichen Seele mit der thierischen
schliesst. Nicht die dynamischen Manifestationen der menschlichen
Seele, nicht deren intellektuelle und moralische, religiöse, künst-
lerische Kundgebungen werden als erste und wichtigste Erkenntnissquelle bei Erforschung des Wesens und der Würde der mensch-

lichen Seele zu Grunde gelegt, sondern die morphologische Manifestation der Seele im Körperbau wird in ganz verkehrter Weise
zur entscheidenden Erkenntnissquelle gemacht.

Ganz anders verfährt die Scholastik; als erste und wichtigste
Erkenntnissquelle, wenigstens in psychologischen Fragen, gelten
ihr die Operationen, die dynamischen Manifestationen der Seele.
Wir sehen dieses ganz besonders bei den scholastischen Beweisen für die Selbständigkeit der Intelligenz, zu welcher wir nach
dieser prinzipiellen Auseinandersetzung über das scholastische Be-
weisverfahren zurückkehren. Ein anderes bei Albert und Thomas
in gleicher Weise vorkommendes Argument betreffs der Intelligenz
ist hergenommen von der Einwirkung starker, d. h. intensiv wir-
kender Objekte auf die Erkenntnissvermögen. Bei Albert lautet
das betreffende Argument im Wesentlichen, wie folgt. Eine körperliche, d. h. an ein körperliches Organ gebundene Kraft erfasst
unmittelbar nach dem Eindruck eines sehr starken Objektes nicht
mehr das schwache; der Gesichtssinn z. B. wird durch intensive
Licht- oder Farbeneindrücke und der Gehörsinn durch mächtige
Schalleindrücke zur Erfassung der schwachen Eindrücke unfähig,
d. h. es tritt in Folge starker Sinnesreize wenn auch nicht eine
vollständige Aufhebung der Perceptionsfähigkeit, so doch eine vor-
übergehende Abstumpfung der Sinne ein, so dass sie nach sehr
starken Eindrücken die viel schwächern entweder gar nicht oder
doch weniger gut percipiren. Albert gibt auch den physiologischen
Grund dieser Erscheinungen an, indem er sagt, diess geschehe desshalb, weil der Eindruck, den der Sinn erhalten hat, namentlich
wenn er stark war, einige Zeit andaure, wesshalb dann der Sinn,
solang jener Eindruck andauert, zur Aufnahme eines neuen und
besonders eines schwächern unfähig, oder doch minder befähigt
ist. Ganz anders dagegen verhalte sich die Intelligenz; denn wenn
diese ein starkes intelligibles Objekt erfasst hat, so sei ihre Fas-
sungskraft für das schwächere oder geringere nicht vermindert,
sondern vermehrt.

Das korrespondirende Argument bei Thomas unterscheidet
sich von jenem bei Albertus darin, dass jener nicht blos von einer
Schwächung der sinnlichen Perceptionsfähigkeit durch starke Eindrücke, sondern von einer Corruption der Sinne spricht; er sagt
nemlich: „Sensus corrumpitur ab excellenti sensibili. Intellectus

autem non corrumpitur ab intelligibilis excellentia; quin imo qui intelligit majora, potest melius postmodum minora intelligere. Est igitur alia virtus sensitiva et intellectiva." Bei der Behauptung, dass die Sinne durch überstarke Eindrücke corrumpirt werden, hat Thomas wohl an die Zerstörung des Sehvermögens durch allzu intensives oder zu lange andauerndes Licht, oder auch an den Verlust des Gehörsinnes durch allzu starke Schalleindrücke gedacht. Dass übermässig starke Sinneseindrücke die von Albert und Thomas behaupteten Wirkungen haben, unterliegt keinem Zweifel, was aber beide von der Intelligenz behaupten, dürfte vielleicht nicht jedem ohne weiteres einleuchtend sein. Vor allem frägt es sich, wie der Gegensatz zwischen höhern und niedrigern, oder stärkern und schwächern intelligibeln Objekten zu verstehen sei. Weder Albert noch Thomas gibt darüber eine nähere Erklärung. Wenn wir jedoch an die Analogie zwischen dem Sinnlichen und geistigen Gebiete, insbesondere zwischen dem sinnlichen und geistigen Lichte uns halten, dürfen wir wohl den oben erwähnten Gegensatz zwischen stärkern und schwächern Objekten der Intelligenz dahin verstehen, dass unter den höhern oder stärkern intelligibeln Objekten Wahrheiten gemeint seien, welche durch Evidenz und prinzipienhafte Wichtigkeit sich auszeichnen, denn solche Wahrheiten wirken auf den Geist ähnlich, wie starkes Licht auf den Gesichtssinn, indem der Geist stark davon ergriffen und erleuchtet wird. Andrerseits ist aber die Wirkung solcher Wahrheiten auf die erkennende Intelligenz von der Wirkung starken Lichtes auf den Gesichtssinn wesentlich verschieden, denn durch die Erkenntniss solcher Wahrheiten wird die Fähigkeit der Intelligenz zur Erfassung anderer Wahrheiten, denen in Bezug auf Evidenz oder Wichtigkeit eine geringere Dignität zukommt, nicht vermindert oder abgestumpft, sondern vermehrt und geschärft.

Die psychologische Thatsache, auf welche Albert und Thomas sich berufen, nämlich der schärfende Einfluss principienhafter Erkenntnisse auf die intellektive Erkenntnissfähigkeit, steht unzweifelhaft fest. Gegen den daraus gezogenen Schluss, dass folglich die Intelligenz keines körperlichen Organes sich bediene, könnte etwa folgende Einwendung gemacht werden. Die Ursache, wesshalb sinnliche Potenzen durch heftige Sinneseindrücke abgestumpft oder sogar verletzt werden, liegt offenbar darin, dass die Objekte physisch und unmittelbar auf

die Organe wirken. Nun aber ist dies bei intellektuellen Objekten
nicht der Fall; das intellektuelle Objekt wirkt nicht physisch auf
die menschliche Intelligenz, wie Licht und Schall auf Augen und
Ohren wirken, und daraus begreift es sich vollkommen, wesshalb
die Intelligenz durch starke intelligible Objekte nicht in ähnlicher
Weise, wie die Sinne abgestumpft oder gar verletzt wird. Wir
brauchen also den Grund, wesshalb diess nicht eintritt, nicht darin
zu suchen, dass die Intelligenz an kein Organ gebunden sei, da
ein zureichender Erklärungsgrund in dem Verhältniss des Objektes
zum Erkenntnissvermögen und in der Art und Weise, wie es erfasst wird, gegeben ist. Diese Einwendung ist nicht ganz unbe-
rechtigt; denn aus der erwähnten Thatsache für sich allein und
unmittelbar folgt — so scheint es uns — noch nicht mit logischer
Notwendigkeit, dass der menschliche Intellektus kein körperliches
Organ gebrauche. Bei Thomas wird dieses auch nicht gefolgert,
sondern es wird blos geschlossen, dass der Intellekt mit dem Sinn
nicht identisch sei und dieser Schluss ist allerdings correkt.
Uebrigens lässt sich auf den gegen den Schluss von Albert erhobenen Einwand Folgendes erwiedern. Wir geben zu, dass die
intellektuellen Objekte nicht so auf die Intelligenz wirken können,
wie materielle auf die Sinne wirken. Aber gerade daraus folgt,
dass das Intellektuelle in ganz andrer Weise und durch eine andre
Kraft als das Sinnliche erfasst werden muss. Die Sinne erfassen
nur Objekte, von denen physische Einwirkungen auf die Sinne
stattfinden. Die Intelligenz aber erfasst ihre Objekte ohne solche
physische Einwirkung; also ist sie jedenfalls eine ganz andere
Kraft als die sinnliche, weil sie in ganz anderer Weise thätig ist.
Wenn wir nun aber nach dem Grunde dieser Verschiedenheit
fragen, so lässt sich kein andrer zureichender angeben, als der,
dass die sinnlichen Vermögen durch körperliche Organe thätig
sind, die Intelligenz aber nicht.

Mit dem Argument, das wir soeben erörtert haben, ist dem
Inhalte nach am nächsten dasjenige verwandt, das Albert aus dem
Einfluss des Alters auf die organischen Potenzen einerseits und
auf die Intelligenz andrerseits entnimmt, indem er sagt: „Die
Verrichtungen der organischen Vermögen zeigen nach Vollendung
des sechzigsten Lebensjahres bei der Mehrzahl der Menschen eine
Abnahme der Kräfte; während in demselben Alter Weisheit und

Wissenschaft zu ihrer Vollendung kommen und in intellektueller Hinsicht noch Erstarkung stattfindet. Das thatsächliche Fundament dieser Beweisführung hat ein Schriftsteller der neuern Zeit, H. F. Daumer in seiner Schrift: „Der Tod des Leibes, kein Tod der Seele" durch besondere Beispiele illustrirt. Der genannte Autor beweist theils durch Aussprüche, theils durch Thatsachen aus dem Greisenalter einer grossen Anzahl bedeutender Männer, dass mit dem Nachlassen der Körperkräfte im Alter nicht gleichmässig und notwendig auch die Geistes- und Charakterkraft sinke, eine Wahrheit, welche schon die Edda ausspreche in den Versen:

Oft ist gut, was Greise sprechen,
Aus welker Haut kommt
Weiser Rath oft.

Von den in der erwähnten Schrift aufgezählten Männern erwähnen wir nur die Namen: Isokrates, Sophokles, Appius der Römer, von dem Cicero im Cato major sagt, sein Geist sei wie ein Bogen gespannt und nicht vom Alter bewältigt gewesen; ferner Galilei, Franklin, Göthe. Ausserdem könnte besonders noch Alexander von Humbold hieher gezählt werden.

Es könnte jedoch fast scheinen, als ob dieses Argument von Albert mit einem weiter oben erwähnten Satze des hl. Thomas im Widerspruch stände; denn Thomas behauptet ja, dass die Intelligenz für ihre Operationen die Beihülfe der sinnlichen Vermögen bedürfe und dass Verletzungen und Hemmungen der sinnlichen Potenzen auch auf die Intelligenz hemmend wirken. Wie stimmt nun das mit der Behauptung von Albertus? Um diesen scheinbaren Widerspruch zu beseitigen, müssen wir beachten, erstens dass Thomas und überhaupt die Scholastik die intellektuelle Thätigkeit nicht von den äussern und innern Sinnesorganen und deren Zuständen direkt, sondern nur von den sinnlichen Vorstellungen abhängig sein lässt; zweitens müssen wir, wenn von Schwächungen und andern Alterationen der sinnlichen Organe die Rede ist, unterscheiden zwischen solchen, wodurch die sinnliche Vorstellungsthätigkeit eine wesentliche Hemmung oder abnorme Alteration erfährt, und andern Schwächungen, durch welche blos die Lebhaftigkeit, Kräftigkeit, Frische der sinnlichen Vorstellungen vermindert wird. Diese letztere Veränderung nun kann eintreten, ohne dass jede höhere intellektuelle Thätigkeit darunter leiden muss; und Thomas behauptet nicht, dass jede Kraftabnahme der sinnlichen Organe und Thätigkeiten eine Abnahme aller intellektuellen Vollkommenheiten, der Weisheit, der Wissenschaft oder aller intellektuellen Operationen nach sich ziehen müsse. Von den bisher erwähnten Argumenten stützte sich das erste auf die Differenzen zwischen Mensch und Thier, das zweite auf das differente Verhalten der sinnlichen und intellektiven Vermögen zu den Objekten und deren Eindrücken; das dritte auf das differente Verhalten der sinnlichen und intellektiven Kräfte im Alter, es sind also lauter Argumente ex differentia. Albert bringt aber auch Argumente vor, welche lediglich aus den Operationen der Intelligenz selbst, ohne Vergleichung mit der Sinnlichkeit, hergenommen sind. Wir wollen von diesen nur noch zwei in etwas kürzerer Weise als die frühern darlegen. Eines dieser Argumente stützt sich auf die Untheilbarkeit der intellektuellen Vorstellungen oder Begriffe und Begriffsverbindungen. Die zu einer Definition gehörige Begriffsverbindung, z. B. sagt Albert, ist so untheilbar, dass unmöglich der eine Bestandtheil in diesem, der andere in einem andern Theile der intellektuellen Potenz sein kann; es würde sonst ihre Einheit und Zusammengehörigkeit nicht erfasst. Hieraus folgt aber, dass die Potenz selbst, welche solche Vorstellungen hat, nicht an ein körperliches, also zusammengesetztes und ausgedehntes Organ gebunden sein kann.

Wir schliessen diese Darlegung der Argumente für die fragliche Thesis mit demjenigen, welches Albert an neunter Stelle aufstellt. Es ist aus der abstrahirenden Thätigkeit der menschlichen Intelligenz entnommen, und Albert selbst bezeichnet es als eine demonstratio certa per causam, quae facit intelligibile. Der Intellekt — so lautet das Argument — macht die materiellen Objekte intelligibel dadurch, dass er sie aller materiellen Bestimmungen, als da sind Mass, Figur etc. entkleidet. Was aber in dieser Weise thätig ist, das kann nicht körperlich oder durch einen Körper thätig sein; denn jeder Körper hat Mass, Figur und andere materielle Eigenschaften. Der Nerv dieses Argumentes liegt in der Wirkungsweise des Intellektus und lässt sich durch folgende Fassung schärfer hervorheben. Der menschliche Intellectus ist beim Erkennen materieller Objekte in der Weise thätig, dass er das Materielle entmaterialisirt; er entkleidet das Materielle seiner rein materiellen Bestimmungen, um in dem Materiellen das Immaterielle zu erfassen. Nun könnte aber der Intellekt nicht in dieser Weise thätig sein, er könnte nicht entmaterialisirend wirken, wenn er nicht seinem Wesen nach von Materie frei wäre. Wir wollen bezüglich dieses Argumentes nur noch hervorheben, dass die Behauptung, der menschliche Geist entmaterialisire die materiellen Objekte, 'um sie für die Intelligenz begreiflich zu machen, durch das Verfahren der modernen Naturwissenschaften wenn auch nicht wörtlich, so doch faktisch anerkannt wird, denn es ist bekannt, dass die moderne Naturwissenschaft, in ihrem Bestreben nach Exaktheit, in der Natur überall das Gesetzmässige und durch mathematische Formeln Ausdrückbare sucht. Nun sind aber Gesetze und mathematische Verhältnisse, auch wenn sie in materiellen Dingen sich finden, doch selber keine Materie; sie sind das Immaterielle, das Rationelle in dem Materiellen. Der Naturforscher rationalisirt also die Natur, um sie zu begreifen und zu erklären.

Auf die Beweise Albertus des Grossen für die wesentliche Verschiedenheit der intellektuellen Erkenntniss von der sinnlichen wollen wir ein Argument für dieselbe Wahrheit von einem Naturforscher der neuesten Zeit, nemlich dem berühmten Anatomen Henle, folgen lassen. In dem Vortrage über Glauben und Materialismus *) wird über, respektive gegen die Unabhängigkeit des Selbstbewusstseins bemerkt: „Es gibt krankhafte Seelenzustände, d. h. Gehirnleiden, in welchen das Gefühl der Persönlichkeit abhanden kömmt oder zwiespältig wird." Dies ist eine Bestätigung dessen, was schon Thomas, wie wir oben gesehen, über den hemmenden Einfluss abnormer Zustände der innern Sinnesorgane auf die Thätigkeiten der Phantasie und des Gedächtnisses und mittelbar auch auf die Intelligenz gelehrt hat. Der Anatom hebt dann aber auch die Verschiedenheit der intellektuellen Thätigkeit, welche er freilich etwas ungenau schlechtweg Seelenthätigkeit nennt, von der sinnlichen hervor, indem er weiterfährt: „Nur in einer Beziehung ist die Seelenthätigkeit von der Thätigkeit der Sinne wesentlich verschieden. Ein Sinnesnerv kann jederzeit nur Eine Affection haben. Der Punkt der Netzhaut, der vom rothen Lichte beschienen ist, kann nicht zugleich blaues Licht empfinden, eine Nervenfaser den Ton nicht zugleich stark und schwach vernehmen.

---

*) Anthropologische Vorträge. I. 37.

In der Seele aber können zwei solcher Gegensätze neben einander existiren; ja sie müssen nebeneinander existiren, wenn die gewöhnlichste Verstandesoperation, die Vergleichung, möglich sein soll. Ein Urtheil wie „es wird heller," „es wird leiser" kann nicht abgegeben werden, wenn nicht das urtheilende Wesen zugleich mit der augenblicklichen Empfindung die zunächst vorangegangene in sich trägt. Und versuchte man, beide Affektionen verschiedenen Lokalitäten, die eine dem Sinnesorgan, die andre einem Organ des Gedächtnisses zuzutheilen, so wäre die Schwierigkeit nur hinausgeschoben, nicht aufgehoben; man hätte dann nach einem höhern Organ, als dem des Sinnes und Gedächtnisses zu suchen, in welchem beide Qualitäten zugleich repräsentirt wären. Mit den Vorstellungen, die wir uns von der Funktionsweise der räumlich ausgedehnten Bestandtheile des Nervensystems gebildet haben, ist diese Vorstellung von einem gleichzeitig verschiedenartig afficirten Organ unverträglich." Diese ganze Stelle und namentlich der Schluss derselben kann wohl nichts anderes besagen wollen, als dass die Akte der Vergleichung und Urtheilsbildung mit der Funktionsweise der räumlich ausgedehnten Bestandtheile des Nervensystems unvereinbar seien, woraus dann von selbst folgt, dass diese Akte nicht Functionen eines materiellen Organes sein können, dass also der Seele Akte zukommen, welche nicht durch irgend ein körperliches Organ vollzogen werden. Wenn der genannte Anatom dieses sagen wollte, stimmt er offenbar mit der von uns dargelegten Lehre der Scholastiker über die Unabhängigkeit der intellektuellen Thätigkeit von körperlichen Organen überein.

Wir haben gesehen, dass Albert und Thomas einerseits die Abhängigkeit der intellektuellen Erkenntniss von der sinnlichen andrerseits die Freiheit der intellektuellen Erkenntnisskraft von körperlichen Organen behaupten. Da die Vereinbarkeit und Widerspruchslosigkeit dieser Sätze bezweifelt werden könnte, so ist noch zu zeigen, dass kein Widerspruch bestehe. Für diesen Zweck können wir die Beantwortung einer Objektion in der theologischen Summa des englischen Lehrers Iª qu. 75. a. 2 ad. 3. verwenden. Bei Beantwortung der Frage, ob die menschliche Seele ein subsistirendes Wesen sei, wird gegen die bejahende Antwort folgende Einwendung gemacht: „Si anima esset aliquid subsistens, esset aliqua ejus operatio sine corpore. Sed nulla est ejus operatio sine corpore. Nec

etiam intelligere : quia non contingit intelligere sine phantas-
mate. Phantasma autem non est sine corpore. Ergo anima
humana non est aliquid subsistens." Diese Einwendung gegen
die Subsistenz, d. h. die selbständige Existenz der Seele ist offenbar zugleich gegen die Selbständigkeit oder die Unabhängigkeit
des Intellektus von körperlichen Organen gerichtet, den in möglichster
Kürze lautet der Einwurf soweit er die Intelligenz betrifft: Die
intellektuelle Thätigkeit ist nicht möglich ohne Sinnesbild; dieses
ist nicht möglich ohne Körper; also ist wenigstens mittelbar die
intellektive Thätigkeit abhängig vom Körper. Die von Thomas
selbst gegebene Antwort auf diesen Einwand lautet: Der Körper
ist zur Thätigkeit der Intelligenz nicht als vollziehendes Organ
ihres Aktes, sondern wegen des Objektes (ratione objecti) erforderlich. Denn das Sinnesbild verhält sich zum Intellekt, wie die
Farbe zum Gesichtssinn. Daraus aber, dass der Intellekt i n d i e s e r
W e i s e des Körpers bedarf, folgt nichts gegen die Selbständigkeit
des Intellekt. Es ist vielleicht nicht überflüssig, diese treffende,
aber kurze Antwort noch ein wenig zu erläutern. Thomas unterscheidet zweierlei Bedingungen psychischer Thätigkeiten; eine Be-
dingung, die für alle psychischen Thätigkeiten gilt, ist Darbietung
irgend eines Objektes ; es muss der psychischen Potenz, um normal
thätig sein zu können, irgend ein Objekt geboten sein ; für den
Gesichtssinn z. B. muss irgend ein sichtbares Objekt vorhanden sein. Eine andere nicht für alle Potenzen geltende Be-
dingung psychischer Thätigkeiten ist das Dasein eines Organes,
durch welches die Potenz ihre Akte vollzieht. Die menschliche
Intelligenz nun, so lehrt Thomas, bedarf zwar kein körperliches
Organ als V o l l z u g s o r g a n ihrer Akte, aber sie bedarf für
ihre Thätigkeit eines Objektes und dieses wird ihr durch Vermittlung der Sinnesorgane dargeboten. Diese Abhängigkeit der intellektuellen Thätigkeit von den durch diese dargebotenen Objekten steht
aber in keinem Widerspruch mit der von Thomas, Albert und der
Scholastik überhaupt statuirten Unabhängigkeit der Intelligenz von
körperlichen Organen. Wir wollen diese Wahrheit noch durch
eine Analogie zu erläutern suchen. Damit ein Richter ein Urtheil
fällen kann, muss ihm ein Fall zur richterlichen Entscheidung
vorgelegt werden; er muss ein Objekt haben, das ihm durch andre
Personen, z. B. etwa durch Polizeiorgane dargeboten wird.

Aber wenn der Richter nach vorgenommener Untersuchung des Falles das Urtheil sich bildet, so vollzieht er diesen Akt der Urtheilsbildung lediglich durch seine eigene Intelligenz; dieser Akt schliesst gemäss seiner Natur jedes Vollzugsorgan aus, und erst bei der äusserlichen Exekution des Urtheilsspruches kommen Vollzugsorgane zur Anwendung. Eine ähnliche Bewandtniss hat es mit der Intelligenz; damit sie in Thätigkeit treten kann, müssen ihr Objekte dargeboten werden und das geschieht durch Vermittlung körperlicher Organe. Aber den Akt der Urtheilsbildung über die dargebotenen Objekte vollzieht die Intelligenz allein ohne Beihülfe eines Organes; und wie die Selbständigkeit eines Richters in seiner Urtheilsbildung durch die Abhängigkeit von den Aussagen andrer Personen nicht aufgehoben wird, so ist auch die Selbständigkeit der menschlichen Intelligenz vollkommen vereinbar mit der Abhängigkeit ihrer Thätigkeit von den Thätigkeiten und Bildern der Sinne.

Wir haben nun noch zu untersuchen, wie sich die moderne Naturwissenschaft zur scholastischen Lehre von der Selbständigkeit der Intelligenz und deren Ueberlegenheit über die Sinne verhalte. Hiebei müssen wir unterscheiden zwischen dem, was die Naturforscher von dem menschlichen Geist, wenn sie von ihm sprechen, sagen, und dem, was die Naturwissenschaft in ihrer thatsächlichen Gestaltung enthält und bezeugt. Bekanntlich huldigt leider ein bedeutender Theil der Naturforscher dem Materialismus, welcher die Substantialität des Geistes läugnet. Aber andrerseits geben die Fortschritte der Naturwissenschaften, auf welche unsere Zeit so stolz ist, ein so lautes Zeugniss von der Macht der menschlichen Intelligenz und ihrer immensen Ueberlegenheit über die Sinnlichkeit, dass selbst solche Naturforscher, welche stark zum Materialismus hinneigen, bisweilen von der Macht der Wahrheit ergriffen, gewissermassen unabsichtlich die Würde und Macht der Intelligenz verkünden. Wir wollen diese Behauptung durch ein Beispiel, das mit unserm Thema im innern Zusammenhange steht, beleuchten und begründen.

Der bekannte englische Naturforscher T y n d a l l kommt in seinem Buche über das Licht *) auch auf das Verhältniss der sinn-

---

*) Das Licht. Sechs Vorlesungen. Uebersetzt von Gustav Wiedemann. S. 136.

lichen Wahrnehmung zum wissenschaftlichen Verständniss zu sprechen und gebraucht zur Erläuterung dieses Verhältnisses eine sehr passende Vergleichung: „Das wissenschaftliche Verständniss, sagt er, gleicht einer Lampe, die nicht eher brennt und leuchtet, als bis sie mittelst des Dochtes der Beobachtung oder des Versuches angezündet worden ist. Das Licht aber, das in Folge des Anzündens ausstrahlt, kann in Folge der dem Geiste eigenen Kraft um das Millionenfache das des Dochtes übertreffen, von dem es ausging. Man kann in der That sagen, dass sie in einem unmessbaren Verhältnisse zu einander stehen; einige wenige unscheinbare und einzelstehende Thatsachen genügen, durch ihre Wirkung auf den Geist Principien von unberechenbarer Anwendung und Ausdehnung zu entwickeln."

Obwohl der Autor dieser Stelle in seinen Werken auf scholastische Philosophie und Erkenntnisstheorie keine Rücksicht nimmt und jene überhaupt gar nicht zu kennen scheint, so stimmt doch das, was er in der angeführten Stelle sagt, sowie auch der wesentliche Inhalt seiner Rede über den wissenschaftlichen Nutzen der Einbildungskraft mit der scholastischen Lehre über das Verhältniss der sinnlichen Erkenntniss und Vorstellung zur intellektuellen vollkommen überein. Die obenangeführte Stelle und die erwähnte Rede ergänzen sich insofern, als in jener Stelle die Notwendigkeit der äussern Sinneswahrnehmung und Beobachtung, in der Rede aber die Notwendigkeit und der Nutzen der Einbildungskraft für die Entwicklung der wissenschaftlichen Naturerkenntniss hervorgehoben wird. Analysiren wir den Inhalt der allegirten Stelle mit Bezugnahme auf ihr Verhältniss zur scholastischen Lehre, so finden wir mehrere bedeutsame Coincidenzpunkte. Erstens nemlich behauptet der moderne Naturforscher in Uebereinstimmung mit der Scholastik, dass die intelletuelle Erkenntniss, oder wie er sich ausdrückt, die Lampe des wissenschaftlichen Verständnisses, nur dann brenne und leuchte, wenn sie mittelst des Dochtes sinnlicher Beobachtung angezündet werde. Er trifft, wahrscheinlich ohne es zu wissen, auch in Bezug auf das Bild, dessen er sich bedient, mit der Scholastik zusammen, denn auch diese gebraucht in der Theorie von der intellektuellen Erkenntniss und ihrem Verhältniss zur sinnlichen, gern und oft Gleichnisse, die vom Licht und dessen Thätigkeit hergenommen sind. Andrerseits behauptet

Tyndall, dass das Licht der intellektuellen Erkenntniss jenes der sinnlichen millionenfach übertreffe; ja dass jenes zu diesem in einem unmessbaren Verhältnisse stehe. Hiemit anerkennt er die höhere Dignität der intellektuellen Erkenntniss; ihr Uebergreifen über die sinnliche. Das nemliche Uebergreifen der intellektuellen Erkenntniss über die sinnliche spricht der hl. Thomas aus, jedoch ohne Bild, indem er gegen die Entstehung der intellektuellen Erkenntniss aus der sinnlichen die Einwendung vorbringt, eine Wirkung könne nicht weiter reichen als die Kraft der Ursache. Nun aber reiche die intellektuelle Erkenntniss offenbar weiter als die sinnliche, da wir intellektuell manches erkennen, was durch keinen Sinn erfasst werden kann. Also könne die sinnliche Erkenntniss nicht Entstehungsursache der intellektuellen sein. Die Antwort des grossen Scholastikers ist sehr einfach; die sinnliche Erkenntniss, sagt er, sei eben nicht die vollständige Ursache der intellektuellen und desshalb sei es nicht zu verwundern, wenn diese über jene hinausreiche. Der moderne Naturforscher bringt zwar jene Einwendung nicht vor; er wirft die Frage nicht auf, wie es zu erklären sei, dass das intellektuelle Licht das sinnliche, wodurch es entzündet wird, millionenfach überstrahle; aber dennoch liegt in dem, was er sagt, eine Antwort auf diese Frage, welche im Wesentlichen mit jener des hl. Thomas identisch ist. Tyndall sagt nemlich in der obigen Stelle „in Folge der dem Geiste eigenen Kraft könne das Licht, welches die Lampe des wissenschaftlichen Verständnisses ausstrahlt, jenes, wodurch es angezündet worden, millionenfach übertreffen. Um die Bedeutung dieser Worte möglichst klar zu machen, dürfte es passend sein, an eine ziemlich bekannte physikalische Thatsache aus dem Gebiete der Lichterscheinungen zu erinnern. Wenn nemlich mit einem schon brennenden Lichte oder einer Flamme irgend eine brennbare Substanz entzündet und dadurch zur Lichtquelle gemacht wird, so ist die Intensität dieses zweiten Lichtes nicht von der Intensität des ersten, wodurch es entzündet worden ist, sondern von der spezifischen Natur der entzündeten Substanz bedingt. Wenn z. B. Magnesiumdraht, der bekanntlich bei seiner Verbrennung sehr intensives Licht gibt, durch eine Lichtflamme angezündet wird, so ist die Intensität des Lichtes des glühenden Magnesium von der Intensität des Lichtes der Flamme, wodurch die Entzündung geschah, ganz unab-

hängig, wesshalb auch zwischen beiden Intensitäten keine natur-
gesetzliche Proportion besteht. Der Grund aber, wesshalb diese Proportion fehlt, liegt offenbar darin, dass die Flamme, womit das Anzün-
den geschieht, nicht die prinzipale und nächste Ursache, sondern blos
die entferntere und sekundäre desjenigen Lichtes, welches die ent-
zündete Substanz aussendet, ist. Die letztere leuchtet, wenn
einmal entzündet, mit der ihr eigenen Kraft. Aehnlich verhält
es sich nach Tyndall mit dem Lichte des Geistes und der Sinnlichkeit; jenes wird zwar durch dieses entzündet; aber die Lampe
des Geistes leuchtet mit der dem Geiste eigenthümlichen Kraft
und da diese die principale Ursache des ausgesendeten Lichtes ist,
so steht seine Intensität in keiner Proportion zum sinnlichen Lichte,
welches blos die entferntere und untergeordnete Ursache ist.*)

Sehr beachtenswerth sowohl an und für sich, als auch mit
Rücksicht auf die Scholastik sind auch noch die Schlussworte der
Stelle aus Tyndall: „Einige wenige unscheinbar und einzelstehende
Thatsachen genügen, durch ihre Wirkung auf den Geist Principien
von unberechenbarer Anwendung und Ausdehnung zu entwickeln.“
Die Wahrheit dieses Ausspruches bezeugt die Geschichte der
Wissenschaften, insbesondere der physikalischen. Im Geiste der
genialen Entdecker neuer und fundamentaler Wahrheiten, wie z. B.
des Archimedes, Galilei, Newton, Huyghens, entstanden die ersten
Ideen ihrer weltberühmten wissenschaftlichen Entdeckungen in
Folge der Beobachtung vereinzelter und ganz gewöhnlicher Erscheinungen. Obwohl nun Tyndall die angeführten Worte offenbar zunächst nur auf die Naturwissenschaften bezieht, so haben
sie doch eine allgemeinere, auch für andere Gebiete der Wissenschaft, insbesondere für die Philosophie geltende Tragweite. Nicht
blos bei den genialen Koryphäen der Naturwissenschaft, sondern
auch bei jenen der Philosophie finden wir diess, dass bei der Auf-
findung der fundamentalsten Wahrheiten und Prinzipien nicht die

---

*) Ob Tyndall, indem er von der dem Geiste eigenen Kraft redet, an die
Selbständigkeit und Immaterialität der Intelligenz gedacht habe, lässt sich
mit Grund bezweifeln und mag dahin gestellt bleiben; aber das, was er über
den Unterschied intellektueller und sinnlicher Erkenntniss sagt, führt consequent
verfolgt zur Selbständigkeit und Immaterialität der Intelligenz, welche die
Scholastik lehrt.

Menge und Qualität der beobachteten Thatsachen, sondern die
Tiefe und Schärfe der intellektuellen Auffassung und Verwerthung
das am meisten Entscheidende ist. Diess gilt, was die Philosophie
anlangt, ganz besonders von dem Fürsten der Scholastik, dem
hl. Thomas. Der unvollkommene Zustand des empirischen Wissens
seiner Zeit im Vergleich mit der modernen hat ihn nicht daran
gehindert, die fundamentalsten spekulativen Prinzipien zu erkennen
und anzuwenden. Dies spricht die Encyclika „Aeterni Patris" aus
mit den Worten: „Accedit, quod philosophicas conclusiones angelicus
Doctor speculatus est in rerum rationibus et ‛ principiis, quae
quum latissime patent, et infinitarum vere veritatum semina suo
velut gremio concludunt."

Wir haben weiter oben auch eine Rede von Tyndall über
den wissenschaftlichen Nutzen der Einbildungskraft erwähnt. Diese
Rede ist im wesentlichen nichts anderes als ein vom spezifisch
naturwissenschaftlichen Standpunkt ausgehender Nachweis der Notwendigkeit der Phantasievorstellungen für die Zwecke der Wissenschaft; sie trifft also principiell zusammen mit der Thesis des
hl. Thomas: „Intellectus conjunctus corpori passibili non potest
intelligere nisi convertendo se ad phantasmata." Freilich ist es
gar nicht wahrscheinlich, dass Tyndall diese Thesis des hl. Thomas
und deren Begründung gekannt habe. Aber gerade dann, wenn der
Naturforscher ohne Kenntniss der betreffenden Lehre des hl. Thomas
geschrieben hat, ist das, was er sagt, eine unwillkürliche und um
so interessantere Bestätigung der thomistischen Lehre von Seiten
der Naturwissenschaft. Uebrigens ist zwischen der Lehre des
hl. Thomas und jener von Tyndall über den Einfluss der Einbildungskraft auf die intellektuelle Erkenntniss doch ein nicht
unbedeutender Unterschied insofern, als Thomas die betreffende
Frage allgemeiner und principieller auffasst, als Tyndall, denn Jener
behauptet, dass für jede intellektuelle Erkenntnissthätigkeit irgend
ein Bild des sinnlichen Vorstellungsvermögens, rep. der Einbildungskraft notwendig sei, während dieser blos den Nutzen der Einbildungskraft für die Naturwissenschaft nachweist. Ein anderer be-
merkenswerther Unterschied besteht darin, dass Tyndall, wenn er
die Ueberlegenheit der intellektuellen Erkenntniss über die sinnliche hervorhebt, mehr den quantitativen als den spezifischen Unterschied der beiden Erkenntnissarten betont. So sagt er z. B. in

der Abhandlung über strahlende Wärme*): „Eine der wichtigsten Aufgaben der Physik, wenn man sie als geistiges Bildungsmittel betrachtet, besteht darin, dass sie uns befähiget, durch die wahrnehmbaren Vorgänge der Natur die nicht wahrnehmbaren zu erkennen. Die wahrnehmbaren geben der Gedankenfolge ihre Richtung; allein diese einmal gegeben, ist die Länge der Linie nicht durch die Grenze der Sinne beschränkt. In der That ist das Bereich der Sinne unendlich klein im Vergleich mit den jenseits derselben liegenden weiten, den Gedanken zugänglichen Regionen.“ Dass durch die wahrnehmbaren Vorgänge dem Denken, oder was dasselbe, der intellektuellen Thätigkeit eine bestimmte Richtung gegeben wird, stimmt ganz mit der scholastischen Erkenntnisslehre überein, denn auch diese behauptet, dass die Intelligenz durch die sinnliche Wahrnehmung dazu bestimmt und befähigt werde, in eben jenen Objekten, in welchen der Sinn das Sinnliche erfasst, das Nichtsinnliche zu erkennen. Durch die sinnliche Wahrnehmung also wird der intellektuellen Thätigkeit die Richtung auf bestimmte Objekte gegeben. Die Scholastik betont aber hiebei nicht so sehr diess, dass die Intelligenz mehr als der Sinn erfasse, sondern vorzüglich diess, dass die Intelligenz in den materiellen Dingen, welche der Sinn wahrnimmt etwas ganz anderes erfasse als die Sinne.

Mit dem, was Tyndall von der Ueberlegenheit der geistigen Erkenntniss über die sinnliche sagt, stimmt der Anatom Henle **) überein, indem er schreibt: „Die Triumphe, die die Naturwissenschaft feiert, sie gebühren dem Geiste, der die Gesetze der Natur begreift, nicht den Sinnen, die ihnen blindlings unterworfen sind.“

Thesis IV. Weil die menschliche Intelligenz zum Verständniss des Nichtsinnlichen sinnlicher Hilfsmittel bedarf, gebraucht die Scholastik auch in der Erkenntnisslehre selbst zur Erläuterung nichtsinnlicher Vorgänge im Erkenntnissprozess sinnliche Analogien, insbesondere solche, die vom Lichte hergenommen sind; aber bessere Analogien, als sie der Scholastik zur Verfügung standen, bieten für diesen Zweck die in der

---

*) Fragmente. Deutsche Ausgabe 1874. S. 225.
**) Anthropologische Vorträge. I. S. 38.

modernen Zeit entdeckten photographischen Wirkungen des Lichtes.

Begründung. Diese Thesis verhält sich zur vorausgehenden wie Besonderes zum Allgemeinen; sie betrifft nur eine besondere Anwendung und Folge des allgemeinen erkenntnisstheoretischen Gesetzes, wovon die dritte Thesis gehandelt hat. Bei der Begründung haben wir zweierlei zu zeigen, erstens nemlich, dass und wie die Scholastik solche Vorgänge des Erkennens, welche wegen ihrer Nichtsinnlichkeit schwer zu erfassen sind, durch sinnliche vom Lichte hergenommene Analogieen zu erläutern gesucht hat, zweitens haben wir darzuthun, dass und wiefern die photographischen Lichtwirkungen bessere Analogieen für den bezeichneten Zweck darbieten.

Albert der Grosse, der mit besonderer Vorliebe Analogieen aus dem Gebiete der Lichtererscheinungen entnimmt, gibt in der Schrift de intellectu et intelligibili (Opp. Tom. V. p. 250. a.) den Grund an, wesshalb besonders das körperliche Licht sich zum Sinnbild unkörperlicher Dinge eigne, indem er sagt: inter omnia corporalia nihil est, in quo tanta similitudo incorporeorum appareat sicut lux, propter quod etiam intellectus agens est sicut lux dictus. Er vergleicht insbesondere das Wirken des thätigen intellectus mit dem Wirken des Sonnenlichtes und zwar in Bezug auf Erzeugung von Formen; wie nemlich das Sonnenlicht körperliche Formen erzeugt so erzeuge der intellectus agens in der receptiven Intelligenz intellektuelle Formen. *) Unter den körperlichen Formen, deren Erzeugung dem Sonnenlicht hier zugeschrieben wird, sind wohl die unter dem Einfluss des Sonnenlichtes sich entwickelnden Formen von Naturkörpern, insbesondere von Pflanzen und Thieren gemeint. Wegen dieser formenden Thätigkeit sagt Albert in der Ueberschrift des dritten Capitels des oben erwähnten Werkes, dass der intellectus in der Seele sei „sicut lux et sicut ars." Es ist interessant, dass Albert, obwohl er die photographische Wirkung des Lichtes noch nicht kannte, dennoch von einer formenden Lichtwirkung spricht und Licht und Kunst zusammenstellt, indem er jene Potenz, welche intellektuelle Formen erzeugt, mit Licht und Kunst zumal vergleicht. Mit der Kunst und ihrem Wirken wird

---

*) L. c. p. 245ᵇ.

der intellectus agens verglichen, weil er im passiven intellectus die intellektuellen Erkenntnissformen in ähnlicher Weise erzeugt, wie die Kunst in irgend einem Stoffe Kunstformen schafft, jedoch mit dem Unterschied, dass die Kunstformen mit einem äussern Stoffe, die Erkenntnissformen dagegen mit dem passiven Intellekt verbunden sind.*) Wesshalb der intellectus agens aber auch mit dem Lichte verglichen werde, erklärt Albert durch eine Analogie, die vom Verhältniss des Lichtes zu den Farben hergenommen ist. Das Licht, sagte er, bewirkt dass das, was potentiell Farbe ist, aktuell Farbe werde (facit potentia colores esse actu colores), welche auf den Gesichtssinn wirkt und wahrnehmbar ist. Wie nun das Licht die Farben für den Gesichtsinn wahrnehmbar macht, so macht der intellectus agens die materiellen Objekte, welche als solche nur der Potenz**) nach erkennbar sind actu intelligibel. Auch Thomas vergleicht die Thätigkeit des intellectus agens mit dem Wirken des Lichtes, indem er sagt***): „Phantasmata et illuminantur ab intellectu agenti, et iterum ab eis per virtutem intellectus agentis species intelligibiles abstrahuntur."

Andere Scholastiker, besonders Thomisten, führen die von Thomas nur angedeutete Analogie weiter aus, jedoch in verschiedener Weise. Cajetan unterscheidet zweierlei Wirkungen des Lichtes; die eine nennt er formal, die andere objektiv. Die formale Wirkung des Lichtes besteht nach Cajetan darin, dass ein durchsichtiges Medium durch welches Licht hindurch geht, selbst an der Lichtnatur theilnimmt, selbst auch licht wird. Die objektive Wirkung des Lichtes besteht aber nach der Erklärung von Cajetan darin, dass in Folge der Ausbreitung des Lichtes die Finsterniss schwindet und die Farben an den undurchsichtigen Objekten sichtbar werden. Ob bei diesem Sichtbarwerden die farbigen Objekte und deren Farben sich blos passiv verhalten oder auch irgendwie aktiv, darüber spricht sich Cajetan nicht bestimmt aus. Bannez, gleichfalls ein berühmter Thomist, vervollständigt in diesem Punkte die Lehre von Cajetan,

---

*) L. c. Tom. III pag. 152. text. 17. intellectus agens in anima assimilatur arti, et intellectus possibilis assimilatur materiae.

**) Op. V. 253. Sub actu hujus luminis (intellectus) formae movent animam sicut sub actu lucis exterioris colores movent visum.

***) S. th. qu. 85 a. 1 ad. 4.

indem er sagt *), das Licht setze die Farben, resp. die farbigen
Gegenstände, in den Stand, auf unsern Sinn zur Erzeugung der
sinnlichen Vorstellung einzuwirken und in dieser Beziehung sei
das Wirken der geistigen Erkenntnisskraft auf die sinnliche Vorstellung analog dem Wirken des Lichtes auf farbige Objekte, denn
wie nur die wirklich beleuchtete Farbe im Stande sei auf unsern
Gesichtssinn zu wirken und desshalb wirklich sichtbar sei, so
könne auch das Sinnesbild nur unter Conkurrenz der Thätigkeit des
intellectus agentis eine intelligible Vorstellung erzeugen.

Nach der Auffassung von Bannez kommen dem Sinnesbild bei
der Erzeugung der intellektuellen Vorstellung zwei verschiedene
Funktionen zu; denn erstens verhält sich das Sinnesbild zur intellektuellen Thätigkeit als Objekt oder Materie, weil die intellektuelle Thätigkeit auf das Sinnesbild beleuchtend wirkt und aus
demselben die intellektuelle Vorstellung erzeugt. Zugleich aber
verhält sich das Sinnesbild als sekundäre oder instrumentale
Wirkursache bei der Erzeugung der intellectuellen Vorstellung.
Unter dem erstern Gesichtspunkt betrachtet, verhält sich das
Sinnesbild passiv, unter dem zweiten aktiv, weil wirkend, oder doch
mitwirkend. Bannez stellt sich die Frage, ob diese beiden Funktionen dem Sinnesbild zumal zukommen können und beantwortet
sie bejahend. Wir stimmen ihm bei, aber die Analogie, welche
Bannez zur Erläuterung und Begründung seiner Ansicht anwendet, scheint uns nicht recht passend zu sein. Er nimmt
seine Analogie her von der Funktion der Farben beim Malen;
die Farben seien Materie und instrumentale Ursache zugleich
für die Herstellung eines Gemäldes. Dass sie Materie sind,
leuchtet von selbst ein; instrumentale Ursache aber sind sie nach
Bannez desshalb, weil sie mittels des Pinsels, der offenbar eine
instrumentale Ursache ist, aufgetragen werden und hiebei gewissermassen ein Bestandtheil oder Complement der instrumentalen Ursache
bilden. Diese Analogie scheint uns aus mehreren Gründen nicht
ganz glücklich gewählt zu sein. Erstens tritt hiebei die Verschiedenheit der Funktionen, welche dem Sinnesbild zukommen

---

*) In P. I. qu. 79. a. 3. ultima concl. Advertendum est, quod practer
effectus luminis assignatos a domino Cajetano in hoc articulo, formalem scilicet
et objectivum, alius tertius est. scilicet facere colores aptos, ut possint movere
visum.

sollen nicht klar hervor; sodann — und dieser Grund ist wichtiger — wird durch diese Analogie eine falsche Auffassung des Verhältnisses der sinnlichen Vorstellung zur intellektuellen nahe gelegt. Denn die Farben gehen in das damit gemalte Bild so ein, dass sie dem Bilde immanent und wesentlich damit identisch sind. Wenn man nun im Erkenntnissprozesse die Funktion der sinnlichen Vorstellung und ihr Verhältniss zur intellektuellen mit der Funktion der Farben bei Herstellung eines Gemäldes vergleicht, so wird die Vorstellung erweckt, oder doch nahe gelegt, als ob die intellektuelle Vorstellung aus der sinnlichen in ähnlicher Weise entstände, wie das Gemälde aus den Farben. Diess ist aber nicht der Fall; denn die Farben werden ein Bestandtheil des damit gemalten Bildes; die sinnliche Vorstellung aber wird nicht ein Bestandtheil der intellektuellen, die aus der ersten entsteht. Die zum Malen verwendeten Farben gehen so in das Bild über, dass sie nicht mehr als unterschieden vom Gemälde fortbestehen. Die sinnlichen Vorstellungen aber bleiben was sie sind; sie bestehen fort als sinnliche und unterschieden von den intellektuellen, welche aus ihnen gebildet worden sind.

Es gibt im Gebiete der bildenden Künste, aus welchen Bannez sein Gleichniss entnommen hat, eine Art von Bilderzeugung, welche eine bessere und vollständigere Analogie für die besprochenen Vorgänge im Erkenntnissprozesse darbietet, als das Malen mit dem Pinsel. Diese Art von Bilderzeugung, die wir im Auge haben, ist das Photographiren, und hiemit kommen wir zur Begründung des zweiten Punktes unserer vierten Thesis. Der Hergang beim Photographiren ist in seinen wesentlichsten Momenten ziemlich allgemein bekannt.

Wir heben nur jene Momente besonders hervor, auf welche es in unserm Thema ankommt. Vor allem sind die Beziehungen des zu photographirenden Objektes und des Lichtes zum photographischen Bilde ins Auge zu fassen. Dem Objekte kommen zweierlei Beziehungen oder Funktionen zu, eine passive und eine aktive; die passive besteht eben darin, dass es Gegenstand der Abbildung ist; dass es photographirt wird. Diese Beziehung ist dem Objekt, welches photographisch abgebildet wird, mit dem, welches gemalt oder abgezeichnet wird, gemein. Aber es ist leicht einzusehen, dass in Bezug auf ursächliche Beziehungen zwischen

Gegenstand und Bild beim Photographiren etwas eintritt, was beim Malen und Zeichnen nicht vorhanden ist. Denn wenn ein Gegenstand gemalt oder gezeichnet wird, so ist er vielleicht zwar eine moralische Ursache des entstehenden Bildes, insofern etwa der Gegenstand entweder durch das Interesse, das er erweckt, oder auch in anderer Weise den Künstler zur Herstellung des Bildes bewegt; aber ein physisches Causalverhältniss des Gegenstandes zum Bilde findet nicht statt; ausgenommen den Fall, dass ein Maler sich selbst porträtirt. Beim Photographiren dagegen steht das Objekt zum Bilde stets auch in einem physischen Causalverhältnisse, freilich nicht unmittelbar, sondern durch Vermittlung des Lichtes, denn indem der Gegenstand das Licht nach physikalischen Gesetzen so reflectirt, dass die vom Gegenstande kommenden und in den photographischen Apparat eintretenden Lichtstrahlen das Bild erzeugen, ist er wenigstens die entferntere Wirkursache des entstandenen Bildes. Beim Photographiren also kommen dem Gegenstande die zwei Funktionen, passives Objekt und wirkende Ursache zu sein, zugleich und in deutlicher Unterschiedenheit zu. Hinsichtlich des objektiven Verhaltens des Gegenstandes beim Photographiren muss übrigens noch hervorgehoben werden, dass der photographirte Gegenstand in zweifacher Beziehung Objekt ist, nemlich Objekt der Beleuchtung, denn es müssen Lichtstrahlen auf ihn fallen, und Objekt der Abbildung, welche eine Folge der Beleuchtung ist.

Vergleichen wir nun mit diesen Beziehungen oder Funktionen des Objektes beim Photographiren die Funktionen des Sinnesbildes im Erkenntnissprozess, so zeigt sich eine ziemlich vollkommene Analogie. Denn das Sinnesbild ist nach scholastischer Theorie, wie bereits gezeigt, erstens Object der Beleuchtung, welche vom intellectus agens ausgeht. Zweitens wie beim Photographiren das Objekt nur unter dem Einflusse des Lichtes das Bild erzeugen kann, so kann nach scholastischer Lehre das Sinnesbild nur unter dem Einflusse des intellectus agens zur Erzeugung der intellektuellen Erkenntniss mitwirken. Drittens haben beide, das Objekt beim Photographiren und das Sinnesbild bei Erzeugung der intellektuellen Erkenntniss zugleich mit der Funktion des Objektes auch die einer wirkenden Ursache. Die Analogie geht noch weiter, denn wie beim Photographiren das Objekt nicht in das photographische Bild verwandelt wird, sondern in seiner Eigenthümlichkeit fortbesteht, so wird auch im Erkenntnissprozess das Sinnesbild nicht in das intellektuelle verwandelt. Die Scholastik lehrt ferner, dass bei der Entstehung des intellektuellen Bildes aus dem sinnlichen Abstraktion stattfinde und der Uebergang von dem einen zum andern wesentlich durch Abstraktion vermittelt sei. Auch in diesem Punkte noch ist der photographische Vorgang dem Erkenntnissprozesse analog. Auch beim Photographiren findet eine Art Abstraktion statt, und zwar durch die Wirkungsweise des Lichtes. Es gibt nemlich im technischen Gebiete Vorgänge, welche der Abstraktion im intellektuellen Gebiete ganz analog sind. Wenn der Bildhauer die Büste einer berühmten Persönlichkeit in Gips modellirt oder in weissem Marmor ausführt, so abstrahirt er von der Farbe; er gibt die Formen, aber nicht die Farben des Originals, doch gibt er die Formen noch in drei wirklichen Raumesdimensionen. Einen Schritt weiter in der Abstraktion geht der Zeichner und der Photograph, denn erstens abstrahiren sie, wie der Bildhauer, von den Farben des Objektes, und geben nur Formen, zweitens haben die Formen nicht wirklich, sondern nur scheinbar drei Dimensionen des Raumes; eine Dimension, die Tiefe ist nicht wirklich, sondern nur scheinbar vorhanden. Stahlstich, Kupferstich, Zeichnung, Photographie verglichen mit einem guten in Farben ausgeführten Gemälde verhalten sich wie das Abstrakte zum Konkreten, obwohl im Gemälde die dritte Dimension nicht wirklich, sondern nur scheinbar vorhanden. Die im Gemälde fehlende dritte Dimension kann durch die Kunst fast vollständig scheinbar hergestellt, also ersetzt werden; die Farbe aber kann nicht ersetzt werden. Darum steht ein gutes Gemälde dem wirklichen Objekte an Conkretheit viel näher als eine gute Photographie und sogar auch näher als eine plastische aber farblose Darstellung. Eine gewöhnliche, farblose Photographie ist — um nun zu unserm Thema zurückzukehren — in zweifacher Beziehung weniger conkret, als das photographirte Objekt, erstens weil die Photographie gewöhnlich ein Objekt von drei Dimensionen in einer Fläche, also in zwei Dimensionen darstellt, zweitens weil die Photographie farbige Objekte farblos d. h. nur in verschiedenen Schattirungen zwischen Weiss und Schwarz wiedergibt. Die Photographie ist also im technischen Gebiete gegenüber dem

Objekte oder einem Gemälde in ähnlicher Weise ein Abstraktum, wie im theoretischen Gebiete der Begriff, oder die intellektuelle Vorstellung gegenüber der sinnlichen und dem Objekte selbst etwas Abstraktes ist.

Wir haben in dieser Parallele zwischen dem Prozess des Photographirens und des Erkennens noch keine Rücksicht genommen auf den receptiven Intellekt, den intellectus possibilis, wie die Scholastik denselben nennt. Auch dieser hat im photographischen Prozess sein Analogon, und zwar in der photographischen Platte. Wie nemlich die chemisch präparirte photographische Platte das Bild in sich aufnimmt, in analoger Weise wird im intellectus possibilis durch die Thätigkeit des intellectus agens, welcher letztere im Erkenntnissprozess dieselbe Funktion hat wie im photographischen Prozess das Licht, die intellektuelle Vorstellung erzeugt. Das Verhalten der photogragraphischen Platte und die Beschaffenheit des darauf entstehenden Bildes ist zugleich ein Beleg für einen Satz, den die Scholastiker in der Erkenntnisslehre wiederholt geltend machen. Dieser Satz lautet: Omne receptum est in recipiente secundum modum recipientis. Dieser Satz bewahrheitet sich im Erkennen und im Photographiren; im letztern dadurch, dass die Beschaffenheit der Platte massgebend ist für die Beschaffenheit des entstehenden Bildes, zwar nicht in jeder Beziehung, aber in gewissen Beziehungen. Nicht massgebend ist die Platte für das Bild in Rücksicht darauf, was abgebildet wird, massgebend aber ist sie in Bezug auf Farbe und Vollkommenheit des Bildes, in Rücksicht auf Farbe insofern, als eine gewöhnliche photographische Platte nur verschiedene Abstufungen von Schwarz und Weiss, aber keine von den Farben des Spectrums gibt. In Bezug auf Vollkommenheit des Bildes ist die Platte massgebend, weil nur eine fehlerfreie gut präparirte eine gute Photographie gibt. Dessgleichen ist im Erkenntnissprozesse nach scholastischer Lehre das recipiens, nemlich das Erkenntnissvermögen massgebend sowohl in Bezug auf die Vollkommenheit, als auch in Bezug auf den Modus des Erkennens, denn was die Vollkommenheit betrifft, wird offenbar in einem schärfern und stärkern Geiste auch eine vollkommenere Erkenntniss, als in einem schwächern, entstehen können. Bezüglich des Modus der Erkenntniss ist das Erkenntnissvermögen massgebend insofern, als im sinnlichen Vermögen eine konkrete, im intellektuellen aber eine abstrakte Vorstellung von demselben Objekte erzeugt wird. Dagegen behauptet die Scholastik im Gegensatz zu Kant, dass das Was, der Inhalt der Erkenntniss, nicht aus der Natur und Beschaffenheit des Erkenntnissvermögens, nicht aus irgend einer apriorischen Form, sondern ganz und allein aus dem Objekt stamme, gerade so, wie bei einer Photographie der Inhalt des Bildes ganz durch das abgebildete Objekt bestimmt und erzeugt ist. *)

Wenn wir den receptiven intellectus der scholastischen Erkenntnisslehre mit der photographischen Platte, den intellectus agens aber mit dem Lichte, welches die Photographie erzeugt, vergleichen, so darf dieser Vergleich nicht in jeder Beziehung gepresst werden. Das bekannte Wort, dass jedes Gleichniss hinkend sei, gilt auch hier. Der thätige und receptive intellectus, selbst wenn man mit Thomas und den Thomisten einen realen Unterschied beider annimmt, stehen einander nicht so äusserlich gegenüber, wie die photographische Platte und das Licht, sind sie doch Vermögen einer und derselben Seele.

Da in dem Thema, mit welchem wir uns soeben beschäftigten, auf das Verhältniss des Lichtes zur Farbe Bezug genommen wird, so haben schon die Scholastiker, veranlasst durch den Gebrauch, den sie in der Erkenntnisslehre vom Lichte machen, auch auf Erörterungen der Frage, wie das Licht zu den Farben sich ver-

---

*) In dem Werke von Liberatore: Die Erkenntnisstheorie des hl. Thomas von Aquin übersetzt von Eugen Franz, S. 216 fg., wird gegen Kant ganz richtig bemerkt: „In einem Sinne kann man sagen, dass die Form unserer Begriffe vom Geiste mitgetheilt werde; insofern man nemlich unter Form die blose Auffassungsweise versteht, die sich auf Seite des Subjektes hält. Aber ganz fälschlich adoptirte man diese Redeweise, sobald man unter Form ein für das Objekt integrirendes Element versteht. In diesem Sinne kann die Form kein Ausfluss des Geistes sein, sondern muss vom Objekt selbst ausgehen." Wir sind damit einverstanden, möchten jedoch die Form im erstern Sinne, sofern damit unsere subjektive Auffassungsweise gemeint ist, lieber Modus oder Modalität nennen. Beim Photographiren treten Form und Modalität des Bildes in ihren Bedingungen deutlich aus einander; die Form ist ganz vom Objekte, die Modalität (Ausdehnung nach blos zwei Dimensionen, Abwesenheit der spectralen Farben, Reinheit) ist von der Platte bedingt. Aehnlich ist's im Erkenntnissprozess.

halte, sich eingelassen. Der hl. Thomas *) erwähnt zwei verschiedene Meinungen. „Einige nemlich, so referirt er, sagen, das
Licht sei zum Sehen desswegen notwendig, damit es die Farben
actu sichtbar mache. Nach andern aber ist das Licht zum Sehen
erforderlich nicht wegen der Farben, damit sie actu sichtbar werden,
sondern damit das Medium licht (actu lucidum) werde. An
einer andern Stelle (Quaest. de anima a. 4. ad 4) zieht Thomas
diejenige Lichttheorie vor, welche behauptet, das Licht sei
zum Sehen von Farben blos insofern notwendig, als das zwischen
Objekt und Auge befindliche Medium beleuchtet sein müsse,
nicht aber in dem Sinne, als ob das Licht den Farben erst die
Kraft geben müsste, auf das Auge zu wirken. Uebrigens hält
Thomas an der zuerst citirten Stelle beide Theorien für probabel.
Die wesentliche Differenz beider Theorien besteht darin, dass nach
der einen das Licht auf das Medium und auch auf die Farben, nach
der andern aber blos auf das Medium wirken muss, damit Farben
sichtbar werden. Die eine Theorie setzt Licht und Farbe in eine
innere Beziehung, die andere nicht. Albert der Gr. spricht sich
in verschiedenen Stellen für eine innerliche und wesentliche Beziehung zwischen Licht und Farbe aus, denn, wo er von den
Farben des Regenbogens handelt und dieselben aus Licht-
reflexionen erklärt, sagt er, das Licht sei hypostasis et substantia
formalis omnium colorum.**) Er unterscheidet ein materiales und
formales Sein der Farben und sagt, das materiale Sein der Farbe
habe seinen Grund in den Qualitäten des Körpers, das formale
aber komme vom Lichte.***) Ebenso spricht er sich über das Verhältniss von Licht und Farbe aus in dem Werke Parva naturalia,
wo er in dem Tractat de generatione sensibilium cap. II sagt:
„non est color in tenebris nisi in potentia tantum." Beurtheilt man
diese verschiedenen Ansichten über das Verhältniss des Lichtes zu
den Farben vom gegenwärtigen Standpunkte der Optik aus, so
muss man ohne Zweifel die Ansicht des Albertus als die dem
heutigen Stand der Naturwissenschaft mehr entsprechende erklären.
Uebrigens ist die erwähnte Meinungsverschiedenheit der Scholastiker
über das Verhältniss von Licht und Farbe für die Erkenntnisslehre

---

*) S. th. Iᵃ. qu. 79. a. 3 ad. 2.
**) Meteor. Lib. III. tractat. 4. cap. 9.
***) L. c. Formale esse coloris ex luce est.

von ganz untergeordneter Bedeutung, wesshalb wir nicht länger dabei verweilen.

Thesis V. **Die Wechselbeziehungen zwischen sinnlichen und intellektuellen Erkenntnissakten zeigen grosse Aehnlichkeit mit jenen Vorgängen, welche die moderne Naturwissenschaft Auslösungen nennt, und in der scholastischen Erkenntnisslehre finden sich Anklänge hiezu.**

Eine nicht unwichtige Rolle spielt in der modernen Naturwissenschaft der Begriff der Auslösung und was mit diesem Begriff gemeint und bezeichnet wird. Man versteht darunter im Allgemeinen solche Vorgänge im Gebiete der Natur und der menschlichen Technik, wobei eine ruhende oder gebundene Kraft durch eine andere in Thätigkeit gesetzt, oder zur Thätigkeit entbunden wird. Jene Kraft, welche in Thätigkeit gesetzt wird, heisst die ausgelöste, die andere, wodurch jene zur Thätigkeit angeregt wird, die auslösende. Beide können sowohl in Quantität als Qualität sehr verschieden sein; es ist nicht notwendig, dass zwischen denselben quantitative Proportion, oder qualitative Verwandtschaft bestehe. Eine sehr grosse Kraft kann durch eine sehr kleine, und eine organische durch eine anorganische zur Auslösung gebracht werden.

Es sind bis jetzt vorzugsweise drei Wissenschaften, in welchen der Begriff der Auslösung angewendet wird, nemlich Physik, Chemie und Physiologie.

Ein Physiologe, Dr. Rosenthal*) spricht sogar von einem Princip der Auslösung. Von den physiologischen Vorgängen in Nerven und Muskeln handelnd, sagt er: „Wir nehmen an, dass die im Nerven entstandene Erregung ihrerseits zu einem Reize wird, der dann den Muskel erregt. Die im Muskel dadurch ins Spiel kommenden Kräfte vermögen, wie wir wissen, eine beträchtliche Arbeit zu leisten, welche in gar keinem Verhältnisse steht zu den geringfügigen Kräften, welche auf den Nerven wirken und welche im Nerven selbst, während er die Erregung leitet, thätig sind. Der Nerv ist, um ein vielgebrauchtes aber treffendes Gleich-

---

*) Allgemeine Physiologie der Muskeln und Nerven. Internationale Bibliothek Bd. 27. pag. 245 fg.

niss zu gebrauchen, nur der Funke, welcher die Pulvermine zur Explosion bringt, oder um das Gleichniss noch weiter fortzuspinnen, der Schwefelfaden, welcher an einem Ende entzündet wird und dann die Entzündung bis zur Mine fortleitet, um diese zur Explosion zu veranlassen.

Solche Vorgänge nennen die Physiker Auslösung von Kräften. Der Nervenreiz löst also die Muskelkräfte aus, diese setzen sich in Wärme und mechanische Arbeit um. Bei der Auslösung ist die auslösende Kraft meistens sehr klein gegen die Kräfte, welche ausgelöst werden." Die Schlussbemerkung über die quantitative Disproportion zwischen der auslösenden und ausgelösten Kraft fordert zu einer Vervollständigung auf, denn zwischen den zwei bezeichneten Kräften findet nicht blos in der Regel eine quantitative Disproportion, sondern auch qualitative Verschiedenheit statt, und zwar ist in manchen Fällen die auslösende Kraft eine qualitativ höhere als die ausgelöste, in andern dagegen die ausgelöste von höherer Dignität als die auslösende. Beide Fälle sind in den menschlichen Lebensfunktionen verwirklicht, denn wenn wir durch einen Akt unsres Willens die Kräfte unsrer Muskeln in Thätigkeit versetzen, so ist die auslösende Kraft von höherem Rang als die ausgelöste. Wenn dagegen in Folge einer sinnlichen Wahrnehmung oder Empfindung unsere Vernunft zum Nachdenken angeregt wird, so ist die ausgelöste Kraft qualitativ höher als die auslösende. Die Auslösung von Kräften kann also in der Richtung von oben nach unten, oder auch in der Richtung von unten nach oben erfolgen, und es können beide Arten von Auslösung sich dadurch mit einander verketten, dass in Folge einer aufsteigenden Auslösung eine absteigende eintritt.

Nachdem wir das Wesen der Auslösung und ihre Arten, soweit es hier notwendig war, auseinandergesetzt, ist zu zeigen, dass zwischen den Auslösungsvorgängen und Erkenntnissvorgängen Aehnlichkeit besteht und dass die Auslösungsvorgänge in gewisser Beziehung zur Erläuterung der Erkenntnissvorgänge dienen können. Zum Zwecke dieses Nachweises können wir an einige Punkte anknüpfen, die schon in der dritten These vorkamen. Es wurde dort mit Bezugnahme auf eine Aeusserung von Tyndall hervorgehoben, dass zwischen den sinnlichen Wahrnehmungen und Beobachtungen einerseits und den intellektuellen Einsichten, welche geniale Forscher oft aus wenigen Wahrnehmungen oder auch aus einer einzigen entwickeln, keine Proportion bestehe, dass, wie Tyndall sich ausdrückt, das Licht des wissenschaftlichen Verständnisses jenes Licht der sinnlichen Beobachtung, wodurch ersteres entzündet worden ist, weit überstrahlt. Hiemit ist bereits eine wichtige Analogie zwischen Auslösungen und Erkenntnissvorgängen gegeben. Hiezu kommt noch eine andere, die darin liegt, dass in beiderlei Vorgängen ruhende oder gebundene Kräfte in Thätigkeit übergehen. In manchen Erkenntnissvorgängen zeigt sich diess in recht auffallender Weise. Wir erinnern zunächst an das, was im Geiste des Archimedes vorging, als er nach der bekannten Erzählung in eine Badewanne sich legte und einen Theil des Wassers überfliessen sah! Die Lösung des schwierigen Problems, womit sein Geist seit längerer Zeit beschäftigt war, blitzte auf einmal in ihm auf mit solcher Energie, dass das ausgelöste geistige Licht auch die Kräfte in den Nerven und Muskeln seiner Zunge und Bewegungsorgane auslösend in Thätigkeit setzte. Ein ganz ähnliches Faktum aus dem Leben eines der grössten Mathematiker der neuen Zeit berichtet Henle in seinen anthropologischen Vorträgen I. S. 59. Das Faktum ist entnommen aus einem Briefe von Gauss an Olbers. Der Brief erinnert an Probleme, welche zwischen beiden Correspondenten mündlich besprochen worden waren und fährt fort: „Sie erinnern sich vielleicht zu gleicher Zeit meiner Klagen über einen Satz, der theils schon an sich sehr interessant ist, theils einem sehr beträchtlichen Theile jener Untersuchungen als Grundlage oder als Schlussstein dient, den ich damals schon über zwei Jahre kannte, und der alle meine Bemühungen, einen genügenden Beweis zu finden, vereitelt hatte. Dieser Mangel hat mir alles Uebrige, was ich fand, verleidet und seit vier Jahren wird selten eine Woche hingegangen sein, wo ich nicht einen oder den andern vergeblichen Versuch, diesen Knoten zu lösen, gemacht hätte — besonders lebhaft auch wieder in der letzten Zeit. Aber alles Brüten, alles Suchen ist umsonst gewesen, traurig habe ich jedesmal die Feder wieder weglegen müssen. Endlich vor ein paar Tagen ist's gelungen, aber nicht meinem mühsamen Suchen, sondern blos durch die Gnade Gottes möchte ich sagen. Wie der Blitz einschlägt, hat sich das Räthsel gelöst: ich selbst wäre nicht im Stande, den leitenden Faden zwischen dem, was ich vorher wusste, womit ich die letzten Versuche gemacht hatte, und dem, wodurch es gelang, nachzuweisen." Dieser Fall unterscheidet sich von dem bekannten εὕρηκα des Archimedes nur darin, dass hier keine bestimmte Ursache, wodurch der leuchtende Blitz im Geiste von Gauss entzündet wurde, angegeben ist; aber in beiden Fällen wurde nach längerem vergeblichen Nachdenken ein blitzartiges Licht, welches die Auflösung des Problemes zeigte, im Geiste entzündet. Der Einfluss, den die Wahrnehmung eines fallenden Apfels auf die Entdeckung des allgemeinen Gravitationsgesetzes durch Newton gehabt haben soll, gehört ebenfalls zu dieser Art geistiger Auslösungen. Mehr bekannte und öfters vorkommende psychologische Auslösungen sind die Reproduktionen von längst entschwundenen Vorstellungen und Erinnerungen durch äussere Veranlassungen, z. B. durch den Anblick einer Person oder Sache. Noch eine dritte Analogie zwischen Auslösungen und Erkenntnissvorgängen verdient hervorgehoben zu werden. Wir haben oben gesehen, dass Auslösungsprozesse in solchen Fällen, wo die auslösende und ausgelöste Kraft verschiedenen Ranges sind, entweder in aufsteigender oder absteigender Ordnung erfolgen können. Diess gilt auch von Erkenntnissvorgängen; wenn nemlich einmal sowohl sinnliche als intellektuelle Vorstellungen und Erkenntnisse, die mit einander in Correspondenz stehen, erworben sind, so können sowohl die intellektuellen durch die sinnlichen, als auch umgekehrt diese durch jene erregt, also ausgelöst werden.

Wir haben nun noch zu sehen, ob in der scholastischen Erkenntnisslehre der Auslösungsbegriff wenigstens seinem Grundgedanken nach sich ebenfalls schon vorfindet. Wir glauben, eine bejahende Antwort geben zu können und begründen diess wieder zunächst aus Albertus und Thomas.

Albertus*) sagt einmal mit Berufung auf Aristoteles: „nesciens solvere quaestionem ligato similis est." An einer andern Stelle**) wird das Uebergehen des Intellekt von der Potenz zum wirklichen Erkennen mit den Worten: „educitur ad actum de

---

*) Op. Tom. V. De causis etc. p. 602. a.
**) Tom. V. p. 257. b. „Cum dicitur intellectus possibilis in potentia, non est in ea ligatum lumen, sed potius ligatum est in eo, quod deberet movere ipsum: et sic intellectus eodem agente educitur ad actum de potentia, quo educitur ad actum intelligibile.

potentia" ausgedrückt. Auch der hl. Thomas spricht von Gebunden-
heit und Befreiung (Auslösung) menschlicher Erkenntnisskräfte in
der Summa th. Ia. q. 84. a. 8, wo er die Frage beantwortet: Utrum
judicium intellectus impediatur per ligamentum sensus? Die Antwort auf diese Frage lautet: „Cum omnia, quae in praesenti statu
intelligimus, cognoscantur a nobis per comparationem ad res sensi-
biles, necesse est, perfectum intellectus judicium in nobis impediri
per ligamentum sensus." In der Beantwortung der zweiten Einwendung, welche geltend macht, dass Schlafende, obwohl ihre
Sinne gebunden sind, bisweilen Schlüsse machen, also intellektuell
thätig sind, erörtert Thomas speziell die Bindung oder Hemmung
der intellektuellen Thätigkeit im Schlafe. Er unterscheidet verschiedene Grade der Bindung und Befreiung der Erkenntnissvermögen während des Schlafes, nemlich Bindung der äussern Sinne,
der Einbildungskraft, des sensus communis und der Urtheilskraft.
Wenn Jemand nach reichlichem Genuss von Speise und Trank zu
schlafen anfange, werde nicht blos der äussere Sinn, sondern auch
die Imagination gebunden. Bei Menschen aber, welche ein sehr
mässiges Leben führen und eine starke Einbildungskraft haben,
komme es vor, namentlich gegen Ende des Schlafes, dass nicht
blos die Einbildungskraft frei werde, sondern auch der Gemeinsinn
und dann könne auch die Urtheilskraft soweit frei werden, dass
der Schlafende urtheilt, was er sehe, seien Traumgebilde, indem er
Wirklichkeit und Traum unterscheidet. Aber dennoch bleibe eine
theilweise Bindung des sensus communis und in Folge dessen sei
auch die Urtheilskraft noch nicht vollkommen frei und sicher.
Der Schluss dieser interessanten psychologischen Auseinandersetzung
von Thomas lautet: Sic igitur per modum, quo sensus solvitur et
imaginatio in dormiendo, liberatur judicium intellectus, non tamen
ex toto. Unde illi, qui dormiendo syllogizant, cum excitantur,
semper recognoscunt se in aliquo defecisse."

Wir haben weiter oben gesehen, dass bei Auslösungen, die
zwischen Kräften verschiedenen Ranges stattfinden, der Auslösungs-
vorgang entweder in der Richtung von unten nach oben, oder umgekehrt erfolgen kann. Für diese beiden Richtungen der Auslösungsprozesse finden sich in der Lehre des hl. Thomas von den
Wechselbeziehungen zwischen den sinnlichen und intellektuellen Erkenntnissvorgängen die entsprechenden Correlate. Denn die Ent-

stehung der intellektuellen Erkenntniss aus der sinnlichen ist eine
Art Auslösung in aufsteigender Ordnung. Dass aber auch umgekehrt ein Herabsteigen vom Intellektuellen zum Sinnlichen stattfinde, indem, wenn einmal intellektuelle Erkennntniss erworben
ist, der Erkennende zur Verdeutlichung und lehrenden Mittheilung
der intellektuellen Erkenntniss sinnliche Bilder entwirft und anwendet, lehrt Thomas in dem früher schon erwähnten Nachweis,
dass die menschliche Intelligenz für den Zweck der aktuellen Erkenntniss sinnliche Bilder gebrauchen müsse.

Thomas gebraucht, wo er von der Entstehung der intellektuellen Vorstellung handelt*) den Ausdruck: „virtute intellectus
agentis resultat quaedam similitudo in intellectu possibili." Dieser
Ausdruck (resultat) scheint uns desswegen gewählt zu sein, um
anzudeuten, dass das intellektuelle Bild, obwohl es in Folge äusserer
Sinnescindrücke entsteht, doch nicht von aussen in den intellectus
hineinkomme, sondern durch einen immanenten Act des Intellectus
entstehe. Wollte Jemand das resultare in dieser Stelle in einen
modernwissenschaftlichen Ausdruck der deutschen Sprache übersetzt haben, so wüssten wir keinen passendern als das Wort Auslösung, denn da die intellektuelle Vorstellung in ihrer Entstehung
zwar von äussern Bedingungen abhängt, aber doch nicht von aussen
in die Intelligenz hineinwandert, auch nicht in der Weise, wie der
Abdruck eines Siegels in weicher Masse, der Intelligenz eingedrückt
wird, so dürfte es wohl kaum eine passendere deutsche Bezeichnung
der eigenthümlichen Entstehungsweise des intellektuellen Bildes
geben, als wenn man sagt, das betreffende Bild, die intellektuelle Vorstellung werde in der Intelligenz ausgelöst, nicht in dem Sinne der platonischen Wiedererinnerung, sondern in dem Sinne, in welchem
die Physiologie von der Auslösung einer Empfindung oder Bewegung spricht, welche nicht schon präexistirt, sondern durch die
Auslösung selbst entsteht. In diesem Sinne ist wohl auch die
Aufschrift oder vielmehr Inhaltsangabe des 10. Capitels des
10. Buches der Bekenntnisse des hl. Augustinus in der Mauriner Ausgabe zu verstehen, welche sagt: „Disciplinae in memoriam non
introducuntur per sensus, sed ex ejus abditiore sinu eruuntur."
Wollte man das eruuntur dieser Stelle ins Deutsche übertragen,

---

*) S. th. Iᵃ qu. 85. a. 1. ad. 3.

so würde man wohl am passendsten übersetzen: „sie werden ausgelöst." Uebrigens ist diese Inhaltsangabe oder Aufschrift, wie
Herr Domkapitular Petz*) es nennt, nicht von Augustinus selbst,
sondern von den Herausgebern, entspricht aber allerdings dem Inhalt und Wortlaut des betreffenden Capitels, worin Augustinus
selbst das Aufleuchten von Erkenntnissen und Ueberzeugungen in
der Seele mit dem Ausdrucke „crui" bezeichnet.

Besondere Beachtung in der Lehre des hl. Thomas vom Verhältniss des sinnlichen Bildes zum intellektuellen verdient es noch,
dass Thomas bemerkt, die Entstehung der intellektuellen Vorstellung aus der sinnlichen durch Abstraktion sei nicht so zu
denken, als ob eine und dieselbe Form, die zuerst in den sinnlichen
Vorstellungen war, nachher im Intellekt sich finde, oder von der
sinnlichen Sphäre in die intellektuelle übergehe, wie ein Körper
von einem Ort an einen andern transferirt wird. Eine Umwandlung der sinnlichen Vorstellung in eine intellektuelle ist hiemit
ausgeschlossen, wie auch Kleutgen in seiner trefflichen Abhandlung über den intellectus agens**) hervorhebt. Durch diese Bestimmung des Verhältnisses der sinnlichen Vorstellung zur intellektuellen unterscheidet sich die scholastische Lehre wesentlich von
der sensualistischen, welche zwischen den verschiedenen Rangord-
nungen der Vorstellungen keinen wesentlichen, sondern nur gra-
duellen und fliessenden Unterschied statuirt. Die thomistische
Bestimmung des Verhältnisses der sinnlichen Vorstellung zur
intellektuellen findet ihr Analogon in Auslösungen, denn es gibt
Auslösungsvorgänge, bei welchen die ausgelöste Kraft und Thätigkeit durchaus nicht als eine Umwandlung der auslösenden aufgefasst werden kann. Als Kennzeichen der Umwandlung einer Kraft-
form in eine andere wird im physikalischen Gebiete das Verhältniss
der Aequivalenz zwischen den beiden Kräften betrachtet. Wenn
also dieses Verhältniss bei einem Auslösungsvorgange fehlt, wenn
die ausgelöste Kraft und Thätigkeit zur auslösenden in keinem
Verhältnisse der Aequivalenz steht, so müssen wir annehmen, dass
entweder keine Verwandlung der auslösenden Kraft in die aus-
löste stattgefunden, oder dass wenigstens in der ausgelösten Kraft

---

*) Natur und Offenb. Bd. 27. S. 80.
**) Beilagen zu den Werken über die Theologie und Philosophie der Vor-
zeit. Heft 3. pag. 27 u. 28.

und Thätigkeit etwas enthalten ist, was nicht aus einer Umwandlung der auslösenden herstammt. Wenn z. B. Chlorwasserstoffsäure in einem gläsernen Gefässe aus einem dunkeln Raume in direktes Sonnenlicht gebracht wird, so werden die in den Elementen der genannten Substanz enthaltenen chemischen Affinitäten durch das Licht ausgelöst und es entsteht eine Explosion, deren Kraft nicht als eine umgewandelte Kraft des Sonnenlichtes sich auffassen lässt, weil die mechanische Kraft der Lichtstrahlen, welche die Explosion herbeiführen, in keinem Verhältnisse steht zur mechanischen Kraft der Explosion.

Gegen die Vergleichung der Erkenntnissvorgänge mit den Auslösungsvorgängen, oder gegen die Ausdehnung und Anwendung des Auslösungsbegriffes auf die Vorgänge im menschlichen Erkennen könnte etwa das Bedenken erhoben werden, dass in denjenigen Vorgängen, auf welche bis jetzt unbestritten der Begriff der Auslösung angewendet worden ist, immer nur materielle Kräfte im Spiele seien und eine ruhende materielle Kraft durch eine andere in Thätigkeit versetzt werde. Im Prozess des menschlichen Erkennens dagegen, bei der Entstehung der intellektuellen Erkenntniss aus der sinnlichen, gehören die beiden Kräfte und Thätigkeiten nicht derselben Ordnung an, sondern die eine sei materiell oder organisch, die andere immateriell und geistig. Das Materielle oder Körperliche könne aber nach scholastischen Principien nicht auf das Geistige wirken, also könne auch die intellektuelle Kraft und Thätigkeit im Menschen nicht durch die sinnliche, welche materiell ist, ausgelöst werden. Auf diese Einwendung erwiedern wir das, was bereits Kleutgen sowohl in der Abhandlung über den intellectus agens (Beilagen etc. Heft 3. S. 35), als auch in der Philosophie der Vorzeit 2. Aufl. Bd. 2. S. 523 gesagt hat. An letzterer Stelle schreibt er: „Weil die Kräfte, die in den Organen thätig sind, in demselben Wesen der Seele, worin die Vernunft und der Wille, wurzeln, und somit jedes Wirken der Organe auch ein Wirken der Seele ist, darum kann der Mensch allerdings durch sinnliche Thätigkeit zur intellektuellen geweckt werden." Kleutgen gibt aus diesem Grunde auch die Möglichkeit zu, dass das sinnliche Bild in wirkursächlicher Weise zur Entstehung der intellektuellen Vorstellung konkurrire.

Thesis VI. Die scholastische Erkenntnisslehre betont auf das Nachdrücklichste die natürliche Entwicklung der menschlichen Erkenntniss und ist insofern eine Entwicklungstheorie der Erkenntniss, aber sie vermeidet die Irrthümer der materialistischen und sensualistischen Entwicklungstheorieen.

Es ist bekannt, welch wichtige Rolle in der ganzen modernen Gestaltung der Wissenschaften die Idee der Entwicklung spielt. Das Wort Entwicklung ist fast zum Zauberworte geworden, mit dem man alles erklären zu können glaubt. Namentlich hat der Materialismus und Darwinismus dieses Wortes und Begriffes sich bemächtigt, so dass es zum Losungswort der Anhänger dieser Weltanschauung geworden ist. In Folge dieser vorherrschend materialistischen Verwerthung der Entwicklungsidee ist aber das Wesen der Entwicklung selbst unrichtig aufgefasst und der Begriff davon gefälscht worden. Diese Fälschung des Entwicklungsbegriffes durch den Materialismus liegt nach unserer Ueberzeugung der Hauptsache nach in zwei falschen Voraussetzungen; die erste falsche Voraussetzung bezieht sich auf das ursächliche Verhältniss zwischen dem Höhern und Niedrigern in den Entwicklungsprozessen.

Es wird nemlich, wenn von Entwicklung eines Höhern aus einem Niedrigern die Rede ist, die Sache in der Regel so aufgefasst und dargestellt, als ob das Höhere in dem Niedrigern, woraus es hervorgeht, schon seine vollständige Ursache habe; als ob das Niedere, um sich zu einem Höhern zu entwickeln, nicht schon des Einflusses oder der Mitwirkung einer höhern Ursache bedürfte. Es wird z. B. was speziell die Entwicklung in der Sphäre des Erkennens betrifft, eine Entwicklung der geistigen und wissenschaftlichen Erkenntniss aus der sinnlichen statuirt, aber ohne dass zugleich eine über der Sinnlichkeit stehende Erkenntnisspotenz, welche aus der sinnlichen Vorstellung die übersinnliche Erkenntniss erzeugt, angenommen wird. Der Materialismus und Sensualismus glauben diese Annahme einer übersinnlichen und immateriellen Erkenntnisspotenz entbehren zu können. Wie sie in der Kosmogonie den über der Materie stehenden Schöpfer für überflüssig halten und die Entstehung des Höhern aus dem Niedern durch spontane Entwicklung von unten erklären zu können wähnen, so halten sie auch in der Entwicklung der menschlichen Erkenntniss eine übersinnliche oder wesentlich geistige Erkenntnisskraft für unnöthig. Diese Entwicklungstheorien erinnern stark an das bekannte Kunststück von Münchhausen, der aus dem Sumpfe, in welchen er gerathen, sich selbst, ohne fremde Hilfe, bei den Haaren sich erfassend emporzog.

Ganz anders erklärt die Scholastik das Entstehen des Höhern aus dem Niedrigern in der menschlichen Erkenntniss und in der Welt überhaupt, sie hat eine ganz andere Entwicklungstheorie, als der Materialismus und Sensualismus. Denn eine Entwicklung der menschlichen Erkenntniss lehrt auch die Scholastik, indem sie behauptet, dass der menschliche Geist im Beginne seines Daseins durchaus keine angebornen Ideen oder Erkenntnisse besitze, sondern alle natürliche Erkenntniss durch eigene Thätigkeit erst erwerbe, und indem sie ferner lehrt, dass die intellektuelle Erkenntniss aus der sinnlichen, die höhere also aus der niedrigern entstehe. Hiemit sind offenbar die zwei wesentlichsten Elemente des Begriffes der Entwicklung gegeben, nemlich erstens ein Uebergehen von der Potentialität zur Aktualität, sodann Fortschreiten vom Niedern zum Höhern, oder Entstehung eines relativ Höhern aus einem Niedrigern.

Zwei Fragen oder Punkte sind, wenn von Entwicklung die Rede ist, vor allem ins Auge zu fassen, nemlich: was geht vor sich in einer Entwicklung, und: welches sind die Ursachen dieser Vorgänge? In der Beantwortung der ersten Frage stimmt die moderne Wissenschaft mit der Scholastik so ziemlich überein; denn ·beide anerkennen, dass in der Entwicklung überhaupt und der menschlichen Erkenntniss insbesondere ein Uebergehen aus einem potentiellen, keimhaften Zustande zur Aktualität und ein Fortschreiten von niedrigern Daseinsformen zu höhern stattfinde. Aber bei Beantwortung der Frage nach den Ursachen der Entwicklung, insbesondere der menschlichen Erkenntniss, welche uns hier zunächst beschäftiget, findet eine principielle Differenz zwischen der scholastischen und materialistischen resp. sensualistischen Entwicklungslehre statt. Denn nach der scholatischen Lehre ist bei der Entwicklung der geistigenErkenntniss aus der sinnlichen der immaterielle intellectus, der als Vermögen schon vor dem Beginn des Entwicklungsprozesses vorhanden ist, die principale Wirkursache der Entwicklung. Der Sensualismus und Materialismus dagegen, da sie keine über die Sinnlichkeit

erhabene Erkenntnisskraft annehmen, müssen die Ursachen des Entwicklungsprozesses der Erkenntniss lediglich in den sinnlichen Vermögen und den Eindrücken, welche sie empfangen, suchen. Sie begehen
den Widerspruch, dass sie in den Entwicklungsvorgängen der Erkenntniss und ihren Resultaten ein Erheben über das Sinnliche
statuiren ohne eine zureichende Wirkursache solcher Erhebung.
Die scholastische Erkenntnisslehre dagegen bietet in ihrer Lehre
vom Wesen und Wirken des intellectus die Mittel dar zu einer
Entwicklungstheorie der menschlichen Erkenntniss, welche die
Thatsachen der Entwicklung aus zureichenden Ursachen erklärt,
und andrerseits den Sensualismus und Materialismus vermeidet.

Es gibt ausser dem Irrthum, wovon soeben die Rede war, in
Bezug auf Entwicklungsprozesse noch einen andern, der mit dem
vorigen eng zusammenhängt. Er besteht darin, dass nicht gehörig
unterschieden wird zwischen jenen Entwicklungsprozessen, in welchen
während des ganzen Prozesses immer dieselben Kräfte oder Ursachen wirken, ohne dass eine Kraft, die anfangs nicht da war,
oder nicht wirkte, in den begonnenen Prozess eingreift und denselben weiter führt, und andern Entwicklungsprozessen, in welchen
letzteres der Fall ist, in welchen nemlich während des Entwicklungsprozesses eine anfangs nicht vorhandene oder nicht wirksame
Kraft in Thätigkeit tritt und an einem bestimmten Punkte in die
Entwicklung eingreift. Dass es Entwicklungen von beiderlei Art
gibt, ist leicht an Beispielen zu zeigen. Die natürliche Entwicklung eines in die Erde gesenkten Pflanzensamens zur vollständigen
Pflanze ist ein Beispiel der ersten Art von Entwicklung, wobei
während der ganzen Entwicklung wesentlich dieselben Kräfte,
nemlich einerseits die des Samens, andrerseits die äussern Ent-
wicklungsbedingungen, Licht, Feuchtigkeit etc. wirksam sind. Als
ein Beispiel der zweiten Art, übrigens ebenfalls noch aus dem
Pflanzenreich genommen, mag zunächst erwähnt sein die Entwicklung eines jungen Baumes, der, nachdem er eine Zeit lang wild
gewachsen, veredelt wird. In diesem Falle tritt in den Lebens-
und Entwicklungsprozess des Baumes ein Agens ein, das anfangs nicht in ihm vorhanden war. Es kann aber auch der Fall
sein, dass ein sich entwickelndes Wesen mehrere Kräfte oder
Potenzen, welche im Verlauf des ganzen Entwicklungsprozesses
zur Wirksamkeit kommen sollen, enthält, und zwar so, dass die

zugleich vorhandenen Kräfte nicht zugleich, sondern successiv in bestimmter Reihenfolge zur Entwicklung und Thätigkeit kommen. In diesem Falle sind jene Kräfte, welche die spätern Stadien der Entwicklungsprozesse bedingen und darin wirken, zwar schon von Anfang vorhanden, haben aber nicht gleich von Anfang die ihnen eigenthümliche Funktion. Auch diese Fälle gehören zur zweiten der oben unterschiedenen Arten von Entwicklung. Ein Beispiel dieser Art ist die natürliche Entwicklung des Menschen, insbesondere seiner Erkenntnisse, denn alle Kräfte sind zwar zugleich und von Anfang vorhanden, aber sie treten successiv und in bestimmter Ordnung in ihre eigenthümlichen Funktionen ein, indem z. B. die Sinnlichkeit früher funktionirt als die Vernunft. Wir sehen, dass die zweite Hauptklasse der Entwicklungen, in welchen später andere Kräfte thätig sind als im Beginne, in zwei Unterklassen sich theilen lässt, wovon die erste jene Entwicklungen umfasst, in welchen die später zur Wirksamkeit kommenden Kräfte zwar von Anfang vorhanden, aber nicht gleich im Anfang thätig sind, wogegen zur zweiten Unterklasse jene Entwicklungen gehören, bei welchen eine anfangs noch gar nicht vorhandene Kraft in den Entwicklungsprozess eintritt und eingreift. Zur letztern Unterklasse von Entwicklungen kann man die geschichtliche Entwicklung der Wissenschaften zählen, denn ihr Entstehen und Fortschreiten ist wesentlich von dem successiven Auftreten und Wirken der wissenschaftlichen Genies bestimmt. Die Fortschritte der Astronomie durch Copernikus, Kepler, Galilei und andere grosse Astronomen bieten hiefür ein grossartiges Beispiel.

Der Einfluss, den in der Geschichte der Wissenschaften, wie auch der Künste, die Leistungen der Vorgänger auf die Nachfolger üben, ist einigermassen analog dem Einflusse, welchen nach scholastischer Theorie die Sinnesvorstellungen auf die Entstehung der intellektuellen Erkenntniss haben. Die Analogie liegt einmal darin, dass in beiden Fällen, in der geschichtlichen Entwickelung der Wissenschaften und in der psychologischen Entwicklung der menschlichen Erkenntniss das Vorausgehende auf das Nachfolgende sowohl anregend als auch dirigirend wirkt. Die anregende Wirkung zeigt sich in dem geschichtlichen Fortschritte der Wissenschaften darin, dass die Leistungen der Vorgänger wie eine Art Reiz auf den Nachfolger wirken und diesen zum Forschen bestimmen.

Die dirigirende Wirkung des Vorangehenden auf das Nachfolgende besteht aber darin, dass durch die vorangehenden Forschungen und Resultate für die nachfolgenden Forscher bereits bestimmte Probleme gestellt sind und zum Theil auch der Weg zur Lösung derselben vorgezeichnet und hiemit der nachfolgenden Forschung eine bestimmte Richtung gegeben ist. In ähnlicher Weise wirkt in der individuellen psychologischen Entwicklung der menschlichen Erkenntniss das Vorangehende auf das Nachfolgende ebenfalls zweifach, anregend und dirigirend. Diess gilt insbesondere vom Verhältniss der vorangehenden sinnlichen Wahrnehmungen zur nachfolgenden intellektuellen Erkenntniss, denn die intellektuelle Erkenntnisskraft wird durch die sinnlichen Wahrnehmungen zur Thätigkeit angeregt und zugleich wird dieser Thätigkeit die Richtung auf bestimmte Objekte gegeben.

In der geschichtlichen Entwickelung der Wissenschaften findet sich sodann auch eine schöne Parallele zu dem, was die Scholastik von der Function des intellectus agens in der psychologischen Entwicklung der Erkenntniss, und von der kausalen Beziehung der sinnlichen Vorstellung zur intellektuellen Erkenntniss lehrt. Nach Thomas ist, wie wir oben vernommen, die sinnliche Vorstellung nicht principale Ursache, sondern quasi materia causae bei der Erzeugung der intellektuellen Erkenntniss. So ist auch im Fortschritte der Wissenschaften das von Vorgängern Geleistete und Gefundene für einen genialen Nachfolger eine Art Material, aus dem er eine wesentlich neue Wahrheit oder Theorie entwickelt, wie z. B. Newton aus den von Kepler gefundenen Gesetzen seine Gravitationstheorie inducirt hat. Bei dieser geschichtlichen Entwicklung des Wissens ist es so recht evident, dass nicht das bereits vorliegende Material, sondern die Genialität dessen, der es bearbeitet, die principale erzeugende Ursache der neuen Entdeckung und Erkenntniss ist.

In der individuellen psychologischen Entwicklung des menschlichen Wissens hat nach der Lehre des hl. Thomas die sinnliche Vorstellung und Wahrnehmung eine ähnliche Funktion und Bedeutung wie in der geschichtlichen Entwicklung des Wissens das für eine wissenschaftliche Theorie vorliegende notwendige Material; der intellectus agens dagegen hat eine Funktion, welche analog ist der Funktion eines genialen Mannes, der aus den bereits vorliegenden Leistungen oder Materialien etwas Neues findet.

Die Thätigkeit des Intellektus bei der Produktion der intellektuellen Erkenntniss aus der sinnlichen wird vom hl. Thomas
ein Beleuchten der sinnlichen Vorstellung und als ein Abstrahiren
bezeichnet. Welche Erklärungen die Scholastiker von dieser Be-
leuchtungsthätigkeit der Intelligenz geben, haben wir an einer
frühern Stelle erörtert; hier ist noch zu bemerken, dass in der
geschichtlichen Entwicklung des Wissens diejenige Intelligenz, welche
aus den bereits vorliegenden Leistungen neue Wahrheiten entwickelt, gegenüber den vorliegenden Materialien gleichfalls beleuchtend und abstrahirend thätig sein muss. Sie muss abstrahirend,
d. h. trennend thätig sein, denn sie muss im vorliegenden Material
Wesentliches und Unwesentliches, Brauchbares und Unbrauchbares
scheiden. Sie muss das zu bearbeitende Material auch beleuchten,
das heisst sie muss bei Bearbeitung des Materials von irgend
einem lichtvollen Gedanken geleitet sein. Als Kepler auf der
Grundlage der Beobachtungen Tycho's seine epochemachenden
Gesetze entdeckte, da war die pythagoreische Idee von der Harmonik
des Weltalls der Lichtgedanke, unter dessen Einfluss und Leitung
er seine mühevollen jahrelangen Arbeiten vollendete.

Die geschichtliche und psychologische Entwicklung des menschlichen Wissens stimmen endlich auch darin überein, dass in beiden
das Neuere oder Spätere, genau genommen — nicht eine Metamorphose des Vorangehenden, sondern etwas wesentlich Anderes und
Neues ist. Wenigstens gilt diess von den epochemachenden Fortschritten der Wissenschaften. Weder das kopernikanische System,
noch die Gesetze von Kepler, noch die Gravitationstheorie von
Newton, noch die Astrophysik der neuesten Zeit verhält sich zu
den vorangehenden Phasen der Astronomie als Metamorphose, denn
bei Metamorphosen ist blos die Form neu, Wesen oder Inhalt
aber identisch. In den Entwicklungsphasen der fortschreitenden
Wissenschaften, wie z. B. Astronomie, ist aber die spätere Phase
nicht blos in Form, sondern an Inhalt wesentlich verschieden.
Analog mit dieser Wesensverschiedenheit des Spätern vom Frühern
in der geschichtlichen Entwicklung des Wissens ist die von der
Scholastik behauptete Wesensverschiedenheit des Vorangehenden
und Nachfolgenden, d. h. der sinnlichen Vorstellung von der
intellektuellen, in der psychologischen Entwicklung des Erkennens.

Wir haben diese Analogieen zwischen der geschichtlichen und psychischen Entwicklung des menschlichen Erkennens aus mehreren Gründen etwas weiter ausgeführt. Ein Grund ist, weil die Momente, welche in der psychischen Entwicklung wegen ihrer Innerlichkeit und engen Verbindung etwas schwer auseinanderzuhalten sind, in der geschichtlichen Entwicklung des Wissens deutlicher erkennbar aus einander treten. Sodann ist es eine zu Gunsten der Scholastik sprechende Thatsache, dass die scholastische Erkenntnisslehre, obwohl sie auf die geschichtliche Entwicklung des menschlichen Wissens verhältnissmässig wenig Rücksicht nimmt, dennoch damit harmonirt und dadurch bestätiget wird. Ausserdem treten zwei Momente, welche die modernen Entwicklungstheorien nicht, oder nicht genügend beachten, in der geschichtlichen oder menschheitlichen Entwicklung des Wissens besonders deutlich hervor. Das erste Moment ist die Wahrheit, dass nicht alle Entwicklung lediglich Metamorphose ist oder darauf beruht. Es wurde bereits hervorgehoben, dass in der psychischen Entwicklung des Erkennens die intellektuelle Vorstellung und Erkenntniss nicht eine Metamorphose der sinnlichen, und ebenso in der geschichtlichen Entwicklung des Wissens die Entdeckung einer neuen Wahrheit und die Aufstellung einer neuen Theorie nicht lediglich als Metamorphose des Vorausgegangenen sich auffassen lässt. Diese Wahrheit ist von Wichtigkeit, weil die Entwicklungstheorieen des Darwinismus im Gebiete der Naturwissenschaft, und jene des Sensualismus im Gebiete der Erkenntnisslehre gerade darin irren, dass sie alle Entwicklung lediglich als Metamorphose auffassen. Das andere Moment, das in der geschichtlichen Entwicklung am deutlichsten sich zeigt, ist diess, dass in einem Entwicklungsprozess successiv verschiedene Kräfte auftreten können.

Wir haben die scholastische Erkenntnisslehre unter den zwei Gesichtspunkten der Auslösung von Kräften und der Entwicklung betrachtet. Es frägt sich noch, wie Auslösung und Entwicklung zu einander sich verhalten, und welches die gemeinsame Beziehung sowohl der Auslösung als Entwicklung zur scholastischen Erkenntnisslehre sei.

Auslösung und Entwicklung stimmen vor Allem darin überein, dass in beiden Vorgängen Kräfte aus einem Zustande der Ruhe oder Potenzialität in Thätigkeit übergehen. Ein Unterschied besteht aber darin, dass der Begriff der Entwicklung ursprünglich und vorzugsweise auf solche Prozesse, wobei organische oder vitale Kräfte in Thätigkeit treten, angewendet wird, wogegen der Begriff der Auslösung zuerst auf anorganische und erst in zweiter Linie auf organische oder vitale Kräfte und Vorgänge bezogen wurde. Der erstere Begriff ist auf dem Gebiete des morphologischen, der zweite auf dem Gebiete des mechanischen und physiologischen Naturwissens entstanden. Die genauere Betrachtung des Umfanges der Anwendbarkeit beider Begriffe lässt erkennen, dass die Anwendbarkeit des Auslösungsbegriffes weiter reicht, als die des Entwicklungsbegriffes, denn überall, wo Entwicklung im eigentlichen Sinne vorhanden ist, findet auch Auslösung von Kräften, welche in dem sich entwickelnden Wesen ruhen, statt. Aber man kann nicht umgekehrt sagen, dass überall, wo Auslösung von Kräften eintritt, auch eine Entwicklung im eigentlichen Sinne stattfinde, denn die weiter oben schon erwähnte Auslösung der Muskelthätigkeit durch einen Nervenstrom ist offenbar keine Entwicklung. Der Grund, wesshalb wir eine derartige Auslösung nicht als Entwicklung betrachten, wird darin zu suchen sein, dass in denjenigen Vorgängen, welche Entwicklungen im eigentlichen und vollen Sinne des Wortes sind, eine Succession von Seinsformen oder Erscheinungsformen einer und derselben Sache gegeben ist und zwar so, dass eine relativ höhere oder vollkommenere Form aus einer relativ niedrigern entsteht. Diess ist offenbar der Fall bei der Entwicklung eines vegetabilischen Samens zur Pflanze, dessgleichen bei der Entwicklung eines thierischen Eies zum wirklichen Thiere. Auch bei der Entwicklung der menschlichen Erkenntniss, beim Entstehen der intellektuellen Erkenntniss aus der sinnlichen findet eine Succession von Formen in der Weise statt, dass aus einer relativ niedrigern eine höhere entsteht, denn aus der Form der sinnlichen Vorstellung entsteht die Form der intellektiven und in beiden Formen erscheint dieselbe Sache insofern, als sinnliche und intellektive Erkenntnissform auf dasselbe materiale Objekt sich beziehen. Ein wesentlicher Unterschied jedoch besteht zwischen der Entwicklung der Organismen und der menschlichen Erkenntnissformen darin, dass beim Organismus eine und dieselbe Substanz durch Metamorphose von einer niedrigern (potentialen) Daseinsform in eine höhere (aktuelle) übergeht, wogegen in der Entwicklung der menschlichen Erkenntniss die intellektuelle Erkenntnissform aus der sinnlichen nicht durch eine M e t a m o r p h o s e der letztern, wie schon früher bemerkt worden, sondern durch A b s t r a k t i o n entsteht. Da aber doch auch im letztern Falle eine höhere Form aus einer niedrigeren entsteht, und beide auf dieselbe Sache sich beziehen, so ist Grund genug vorhanden, die Succession von Formen im Prozess des menschlichen Erkennens als eine Entwicklung zu bezeichnen.

Es findet aber in denjenigen Vorgängen, auf welche der Begriff der Auslösung anwendbar ist, eine derartige Entstehung einer höhern Form aus einer niedrigern, wie sie den Entwicklungsprozessen eigen ist, nicht immer statt, wie das angeführte Beispiel zeigt, und desshalb sind nicht alle Auslösungen zugleich Entwicklungsprozesse.

Hiemit dürfte das Verhältniss zwischen Auslösung und Entwicklung für den Zweck unserer Untersuchung genügend bestimmt sein.

Ueber das Verhältniss der scholastischen Erkenntnisslehre zu beiderlei Vorgängen, Auslösung und Entwicklung zugleich, ist nur noch weniges zu bemerken. Der menschliche Erkenntnissprozess, wie ihn die Scholastik auffasst, vollzieht sich durch Auslösung und Entwicklung zugleich, durch Auslösung insofern, als die anfangs ruhenden und beziehungsweise gebundenen Erkenntnisskräfte von der Potentialität zur Aktualität übergehen, und zwar in der Ordnung, dass zuerst die sinnlichen, dann die intellektuellen Potenzen in Thätigkeit treten. Dieser Fortschritt der menschlichen Erkenntnisskräfte von der Potentialität zur Aktualität erfolgt unter dem Einfluss der Erkenntnissobjekte sowie der Erziehung und des Unterrichtes auf den menslichen Geist. Durch Entwicklung aber vollzieht sich der menschliche Erkenntnissprozess insofern, als aus der sinnlichen Erkenntnissform unter Vermittlung der abstrahirenden Thätigkeit des intellectus die intellektuelle Erkenntnissform resultirt. Frägt man noch, welches von diesen zwei Momenten, nemlich Auslösung und Entwicklung, principiell vorangehe, so kann wohl kein Zweifel sein, dass die Auslösung das primäre und die Entwicklung das sekundäre, oder dass jene der Grund und diese die Folge sei.

Thesis VII. Die scholastische Lehre von der Abstraktion findet in den modernen Naturwissenschaften ihre Bestätigung insoferne, als die verschiedenen Arten von Abstraktion, welche die Scholastik unterscheidet, in den modernen Wissenschaften wirklich angewendet werden.

Begründung. Es ist nicht unsere Absicht, hier eine vollständige Darlegung der scholastischen Lehre von der Abstraktion und deren verschiedenen Arten zu geben; schon die Grenzen des Programmes legen uns eine Beschränkung auf. Nur die wesentlichsten Momente der scholastischen Abstraktionslehre und deren Beziehung zur modernen Naturwissenschaft wollen wir herausheben. Hiebei ist vor allem zu bemerken, dass der Terminus „Abstraktion" in der Scholastik und speziell bei Thomas auf zwei ganz verschiedene Klassen von Vorgängen angewendet wird, erstens auf Vorgänge des natürlichen Erkennens, zweitens auf Vorgänge, die dem Gebiete der Mystik angehören, nemlich jene Zustände, in welchen die menschliche Seele von den Sinnesfunktionen so abgezogen ist, dass diese Funktionen für einige Zeit sistirt sind. Dieser Vorgang und Zustand wird abstractio a sensibus genannt und diese Abstraktion brauchen wir nicht weiter zu beachten. Die andere Abstraktion, welche in den natürlichen Erkenntnissoperationen vorkommt und welche auch schlechtweg Abstraktion heisst, wird von Thomas gewöhnlich abstractio per intellectum genannt. Den Sinnen kommt nach Thomas auch ein Verhalten zu ihren Objekten zu, das der intellektuellen Abstraktion analog ist, denn wie durch die intellektuelle Abstraktion bei der Auffassung eines Objektes nicht alles, was im Objekte ist, sondern eines ohne das andere, z. B. die Form ohne die Materie aufgefasst wird, so percipirt auch ein einzelner Sinn von einem sinnlichen Objekte nicht alle demselben zukommenden Eigenschaften, sondern eine ohne die andern; der Gesichtssinn z. B. percipirt von einer Frucht die Farbe, aber nicht den Geschmack.*)

Aber ungeachtet dieser Analogie zwischen den sinnlichen und intellektuellen Operationen wird die Abstraktion im eigentlichen Sinne nur der intellektuellen Erkenntnissthätigkeit zugesprochen

---

*) Vergl. Thom. Comment. in Metaph. lib. I. lect. 10.

und zwar desshalb, weil der Sinn zur Erfassung des Allgemeinen welche das Ziel der Abstraktion ist, unfähig ist. Unter den intellektuellen Operationen sind es aber zwei, welchen nach dem hl. Thomas das Abstrahiren zukommt, nemlich die einfache intellektuelle Auffassung (simplex apprehensio) und das Urtheil. *)

Die urtheilende Abstraktion besteht darin, dass geurtheilt wird, es sei etwas von einem andern getrennt, oder das eine sei nicht in dem andern. Die andere Abstraktion, welche nicht urtheilt, sondern blos percipirt, besteht darin, dass bei der Betrachtung oder Vorstellung eines Objectes, worin Verschiedenes vereinigt ist, eines ohne das andere aufgefasst wird.

Die so eben erklärte Eintheilung der Abstraktion ging aus von der Beschaffenheit der Erkenntnissakte, durch welche die Abstraktion vollzogen wird. Eine andere ebenfalls bei Thomas**) sich findende Eintheilung geht von einem andern Fundamente aus, und zwar von der Beschaffenheit dessen, was aus der Abstraktion als Facit sich ergibt. Die betreffende Stelle lautet wörtlich: „Respondeo dicendum, quod duplex sit abstractio per intellectum; una quidem secundum quod universale abstrahitur a particulari, ut animal ab homine; alia vero, secundum quod forma abstrahitur a materia, sicut forma circuli abstrahitur per intellectum ab omni materia sensibili." Nachdem Thomas diese zwei Abstraktionen kurz erklärt hat, hebt er noch einen Unterschied besonders hervor, der darin bestehe, dass bei Abstraktion des Universalen vom Partikulären das, wovon abstrahirt wird, nicht im Intellektus bleibe, denn wenn wir von der spezifischen Differenz zwischen Mensch und Thier, nemlich der Vernünftigkeit abstrahiren, so bleibe blos noch der Gattungsbegriff animal im Intellekt; bei der andern Abstraktion dagegen bleibe beides, das was, und das wovon abstrahirt wird, im erkennenden Geiste präsent.***)

Dieses Bleiben ist wohl so zu verstehen, dass in dem Momente, in welchem diese Art von Abstraktion vollzogen wird, beide Elemente der Abstraktion dem Geiste präsent seien. Es gibt nemlich

---

*) S. th. I^a qu. 85. a. I. c.
**) S. th. I^a qu. 40. a. 3. c.
***) l. c. In abstractione, quae attenditur secundum formam a materia. utrumque manet in intellectu. Abstrahendo enim formam circuli ab aere, remanet seorsum in intellectu nostro et intellectus circuli, et intellectus aeris.

auch eine Abstraktion, bei welcher das, wovon abstrahirt wird, im Momente der Abstraktion dem Bewusstsein gar nicht präsent ist, wenigstens nicht in distinkter Weise. Wenn wir z. B. aus der Anschauung vieler Menschen den allgemeinen Begriff von Mensch abstrahiren, so sind unserm Bewusstsein gewiss nicht alle die individuellen Unterschiede oder Eigenthümlichkeiten der einzelnen Menschen, wovon wir abstrahiren, präsent, aus dem einfachen Grunde, weil es unmöglich ist, so viele besondere Merkmale zumal und distinkt im Bewusstsein zu haben. Anders verhält sich die Sache bei derjenigen Abstraktion, welche Thomas abstractio formae a materia, oder auch abstractio formalis nennt. Bei dieser ist das, wovon abstrahirt wird, nicht eine unbestimmte Vielheit individueller Merkmale, sondern es ist wenigstens im bestimmten Falle eine einzige bestimmte Realität. In dem von Thomas gebrauchten Beispiele (abstractio formae circuli ab aere) ist die Realität, wovon abstrahirt wird, die Substanz des Erzes. Nun ist es dem menschlichen Bewusstsein allerdings möglich, zwei unterschiedene Dinge zugleich und in distinkter Weise präsent zu haben, denn darauf beruht jede Unterscheidung und Vergleichung; aber es ist dem menschlichen Bewusstsein unmöglich, eine unbestimmte Vielheit von Dingen zumal und distinkt gegenwärtig zu haben. Bekanntlich nennt die moderne Psychologie diese Beschränktheit des aktuellen menschlichen Bewusstseins die Enge des Bewusstseins. Diese Enge des Bewusstseins ist der Grund, wesshalb bei der Abstraktion des Universalen vom Partikulären, das, wovon abstrahirt wird, nemlich das Partikuläre, nicht, oder wenigstens nicht klar und distinkt im Bewusstsein ist und nicht sein kann. Wir sehen, dass der Unterschied, welchen St. Thomas zwischen den zwei Abstraktionen, a particulari und a materia, angibt, psychologisch begründet ist.

Bezüglich der Benennung dieser zwei Abstraktionen ist noch zu bemerken, dass der hl. Thomas in der Conclusio der oben citirten Quaestio 40, a. 3 diejenige Abstraktion, wodurch das Universale aus dem Partikulären abstrahirt wird, abstractio totalis nennt; dagegen bezeichnet er die Abstraktion der Form aus der Materie als abstractio formalis. Dieselben Bezeichnungen gebraucht auch Cajetan, der berühmte Commentator des hl. Thomas. Der Grund, wesshalb die Abstraktion des Universalen aus dem Partikulären totalis genannt wird, ist einfach der, weil der aus dieser Abstraktion hervorgehende allgemeine Begriff zu dem, was ihm untergeordnet ist, als ein totum universale, als Ganzes zu untergeordneten Theilen sich verhält. Der Grund der Benennung der andern Abstraktion ist von selbst klar.

Ausser dem Unterschied, welchen bereits Thomas zwischen diesen beiden Abstraktionen hervorgehoben, gibt es noch andere Unterschiede, welche Cajetan*) angegeben hat. Zwei von diesen Unterschieden verdienen besondere Erwähnung. Ein logischer Unterschied der beiden Abstraktionen besteht darin, dass bei der sogenannten totalen Abstraktion die Begriffe, welche daraus hevorgehen, im Verhältniss der Subordination stehen, also der eine im andern enthalten ist. Bei der abstractio formalis dagegen findet zwischen dem Begriff, welcher, und dem, wovon abstrahirt wird, kein Verhältniss der Subordination statt; keiner ist im andern enthalten. Wohl können jene Realitäten, welche durch solche Begriffe gedacht werden, in einem und demselben konkreten Objekte vereiniget sein, aber dennoch ist keiner von diesen Begriffen im andern enthalten. Z. B. Eine Billardkugel vereinigt in sich die Eigenschaften der Rundung, der Farbe, der Elasticität; aber keine von diesen Eigenschaften schliesst die andere in sich. Dieser logische Unterschied beider Abstraktionen findet seine Bestätigung und seinen Ausdruck auch in einer Verschiedenheit der Urtheile, die aus diesen beiden Abstraktionen hervorgehen. Wenn man nemlich die Begriffe, die aus der als total bezeichneten Abstraktion entspringen, zu Urtheilen verbindet, so entstehen Urtheile, worin Subjekt und Prädikat Substantivbegriffe sind und im Verhältniss der Subsumtion stehen; wie z. B. Sokrates war ein Philosoph, ein Athenienser; u. dgl. Diese Abstraktion findet also ihren Abschluss und Ausdruck in Urtheilen der Subsumtion. Die andere dagegen, welche Thomas und Cajetan formal nennen, findet ihren Abschluss und Ausdruck in Urtheilen, deren Prädikate Adjektiva oder Verba sind, z. B. in Urtheilen von der Form: Das reine Wasser ist durchsichtig, reflektirt und bricht das Licht. Die Sonne ist rund und leuchtend. Cajetan gibt noch einen andern Unterschied dieser zwei Abstraktionen an, der auf den verschiedenen Erkenntnisswerth derselben

---

*) Comment. zum Opusc. de ente et essentia, proem. q. 1.

sich bezieht. Er sagt nemlich, durch die formale Abstraktion
nehme die Erkenntniss an Distinktheit zu, durch die totale ab.
Diess ist richtig, jedoch nicht so zu verstehen, als ob mit der
totalen Abstraktion gar kein Fortschritt der menschlichen Erkenntniss verbunden wäre. Die menschliche Erkenntniss kann in mehr-
facher Richtung oder Beziehung fortschreiten. Sie schreitet fort
von der Partikularität zur Allgemeinheit, und sie schreitet auch
fort von der confusen zur distinkten Auffassung der Objekte.
Diese zwei Fortschrittsweisen sind ganz verschieden, ja in einer
Beziehung entgegengesetzt, weil beim Fortschreiten vom Besondern
zum Allgemeinen das Besondere und Distinkte ignorirt werden
muss, wogegen beim formalen Abstrahiren gerade die besondern
Eigenschaften des Abstraktionsobjektes mit Distinktion hervorgehoben werden. Die totale Abstraktion dient also dem Fortschritt
vom Besondern zum Allgemeinen; die formale aber dient zunächst
dem Fortschritte von der confusen zur distinkten Auffassung der
Erkenntnissobjekte. Wir sagen „zunächst“. weil die formale Abstraktion, wie eine genauere Betrachtung zeigt, allerdings in zweiter
Linie auch einen Fortschritt vom Besondern zum Allgemeinen vermittelt. Ueberhaupt stehen die zwei unterschiedenen Arten von
Abstraktion, nemlich die totale, für welche wir die Bezeichnung
„generalisirend“ in Vorschlag bringen möchten, und die formale,
einander nicht so ausschliessend gegenüber, dass nicht in einem
und demselben conkreten Denkakt beide zumal vereinigt sein
könnten. Was begrifflich unterschieden ist, kann in Concreto vereinigt sein. Derselbe conkrete Abstraktionsakt kann in einer Beziehung zur Abstraktion des Universalen vom Partikulären und
in einer andern zur Abstraktion der Form von der Materie gehören.
Diess gilt insbesondere von jener Abstraktion, welche die Scholastiker abstractio a materia individuali nennen; denn als abstractio
a materia gehört sie zur formalen, als abstractio a materia individuali gehört sie zur totalen oder generalisirenden und wie
die Beispiele zeigen, ist dieser letztere Gesichtspunkt vorwiegend.
Die abstractio a materia individuali ist nach der Lehre der
Scholastik der gesammten Naturwissenschaft eigen, denn sie beachtet, weil von Naturkörpern handelnd, zwar die sinnliche
Materie im Allgemeinen, indem ja Mineralogie, Botanik, Zoologie,
Chemie, Naturkörper, also materielle Dinge, betrachten. Aber

alle diese Wissenschaften sehen ab von der individuellen Bestimmtheit und Unterschiedenheit der Materie. Nicht das, wodurch zwei
Naturkörper sich individuell unterscheiden, sondern das, worin sie
entweder spezifisch gleich, oder spezifisch verschieden sind, betrachtet
der Naturforscher als Mineralog, oder Botaniker, oder als Zoolog,
oder als Chemiker. Durch solche Abstraktion von der individuellen
Materie entstehen in erster Linie die naturwissenschaftlichen Art-
begriffe, in welchen die gemeinsamen und wesentlichen Merkmale
vieler Naturindividuen gedacht werden. Offenbar ist diese Abstraktion generalisirend, da sie von der Anschauung des Singulären zum
Allgemeinbegriff der Art aufsteigt.

Der Satz, dass die Naturwissenschaft (scientia physica) von
der individuellen Materie abstrahire, wird von einem der spätern
Scholastiker, Petrus Hurtadus*) insofern eingeschränkt und gewissermassen berichtigt, als er zeigt, dass es in der Naturwissenschaft
eine Disciplin gebe, welche von der individuellen Materie nicht
vollständig abstrahire, nemlich die Astronomie.**) Obwohl der
genannte Scholastiker diess vom Standpunkt der scholastischen
Astronomie sagt, so gilt es doch auch vom Standpunkt der
modernen, ja von diesem aus noch mehr, denn die Betrachtung
des Individuellen hat in der Astronomie durch ihre Fortschritte
nicht abgenommen, sondern zugenommen, wie die Spezialwerke
über die Sonne und den Erdenmond, und insbesondere die spek-
tralanalyschen Untersuchungen der Stoffe einzelner Gestirne z. B.
der Sonne beweisen. Allerdings ist die Astronomie seit Copernikus
generalisirend, zu allgemeinern Gesetzen aufsteigend fortgeschritten
und der wichtigste Fortschritt dieser Art war die Entdeckung des
allgemeinen Gravitationsgesetzes. Aber neben dem generalisirenden
Fortschritt zeigt sich zugleich, namentlich in der neuesten Zeit,
ein individualisirender, indem die Astronomie bei vielen Himmels-
körpern, namentlich jenen unseres Sonnensystems, nicht blos die
allgemeinen Eigenschaften und Gesetze, sondern auch ganz individuelle Eigenthümlichkeiten ex professo wissenschaftlich erforscht
und aus allgemeinen Gesetzen zu begreifen sucht.

---

*) † 1651: Universa philosoph. Nova Edit. Lugd. 1624. pag. 715 § 145.
**) L. c. Universa astronomia agit de his individuis et non de aliis.

Der scholastische Satz, dass die Naturwissenschaft vom Individuellen abstrahire, und der weitere Satz, dass alles Wissen Allgemeines zum Objekte habe, werden durch das, was wir soeben im
Anschluss an Hurtadus, über die Bedeutung des Singulären in
der Astronomie bemerkt haben, nicht umgestossen, sondern nur
modifizirt, denn allerdings abstrahirt auch die Astronomie, sofern
sie als kosmische Physik die allgemeinen kosmischen Gesetze entwickelt und beweist, vom Individuellen und behandelt Allgemeines.
Aber als beschreibende Himmelskunde steigt die Astronomie auch
zur Betrachtung des Singulären herab. Der Grund hievon dürfte
darin liegen, dass das Singuläre oder Individuelle im Gebiete der
Astronomie zum Allgemeinen doch eine ganz andere Stellung ein-
nimmt als in der Mineralogie, Botanik und Zoologie. Denn während
in den soeben genannten Zweigen der Naturwissenschaft die Individuen nur wenig verschiedene Exemplare derselben Spezies sind,
zeigen dagegen grossentheils die astronomischen Individuen, soweit
sie näher bekannt sind, z. B. die grösseren Planeten des Sonnensystems so ausgeprägte Eigenthümlichkeiten, dass diese gewissermassen den spezifischen Unterschieden und Eigenthümlichkeiten
der Mineralien oder Pflanzen aequivalent sind. Die astronomische
Wissenschaft hat in dieser Hinsicht einige Aehnlichkeit mit den
Geschichtswissenschaften, welche bekanntlich ebenfalls vom Individuellen und Singulären nicht ganz abstrahiren, sondern sehr darauf
Rücksicht nehmen und zwar aus einem ähnlichen Grunde, weil
eben das Individuelle, wovon die Geschichte handelt, z. B. eine
historische Persönlichkeit, wie Moses, oder Caesar, oder gar Christus,
nicht blos als Exemplar der menschlichen Spezies, sondern unter
einem ganz anderen Gesichtspunkt betrachtet wird.

Der scholastische Satz, dass jede Wissenschaft, insondere aber
jede Naturwissenschaft vom Individuellen abstrahire, kann in einem
zweifachen Sinne genommen werden; erstens in dem Sinne, dass
in jeder Wissenschaft aus dem Besondern Allgemeines, allgemeine
Begriffe, Sätze und Gesetze, abstrahirt werden müssen; und in
diesem Sinne genommen ist der Satz vollkommen wahr auch für
Astronomie und Geschichtswissenschaften, besonders von der ersteren,
denn sie abstrahiren und induziren aus dem Singulären und Partikulären Allgemeines. Man könnte aber den erwähnten scholastischen Satz etwa auch in dem Sinne nehmen, dass in allen

Wissenschaften und speziell in allen Naturwissenschaften das Individuelle ganz ausser Betracht bleiben müsse, gerade so, wie etwa in der Botanik die blos individuellen Unterschiede mehrerer Bäume derselben Art ausser Betracht bleiben. In diesem Sinne genommen wäre die Behauptung unrichtig, respektive mit Astronomie und Geschichtswissenschaft unvereinbar. Wir werden jenen Satz also wohl im ersteren Sinne nehmen müssen.

Wir haben soeben die scholastische abstractio a materia individuali und ihre Beziehung zur Naturwissenschaft erörtert und bereits weiter oben bemerkt, dass in dieser Abstraktion eigentlich zwei verschiedene Abstraktionsweisen, nemlich die totale oder generalisirende und die formale vereinigt sind. Wir schreiten nun zur Begründung dieser Behauptung, indem wir mit Bezugnahme auf die Naturwissenschaften zeigen, dass von derjenigen Abstraktion, deren Objekt etwas Individuelles und zugleich Materielles ist, zwei verschiedene Reihen von Abstraktionen sich abzweigen, welche sich darin unterscheiden, dass bei der einen Abstraktion, welche wir generalisirend genannt haben, Begriffsreihen entstehen, deren Glieder im Verhältniss der Subsumtion stehen, wogegen bei der andern Abstraktion Begriffe ausgeschieden werden, von welchen keiner zum andern im Verhältniss der Subsumtion oder Subordination steht.

Die generalisirende Abstraktion steigt vom Individuellen zunächst auf zur Bildung des Artbegriffes, scholastisch species genannt; sie bleibt aber auf dieser Stufe nicht stehen, sondern steigt vom Artbegriff auf zum nächsten Gattungsbegriff (genus), vom nächsten Gattungsbegriff zu einem entferntern, oder auch zum Begriff der Familie, des Typus, der Klasse. Auf diese Weise entstehen die Begriffsreihen der klassifikatorischen Naturwissenschaften. Hiebei erhält man offenbar Begriffsreihen, deren aufeinanderfolgende Glieder im Verhältniss der Unter- und Ueberordnung stehen und wenn sie zu Urtheilen verbunden werden, Subsumtionsurtheile geben.

Die meisten Scholastiker, soweit sie mir bekannt, nehmen von diesen verschiedenen Stufen der generalisirenden Abstraktion keine besondere Notiz, einer jedoch, der schon genannte Hurtadus dringt darauf, zwischen jener Abstraktion, welche blos von individuellen Unterschieden, und jenen, welche vom spezifischen Unterschied, oder von Gattungsunterschieden absehen, einen wesentlichen Unterschied anzuerkennen. Wir haben gesehen, dass diese Hauptart von Abstracktion, welche Thomas abstractio a particulari oder auch ab inferiori nennt, eine Hauptrolle in den klassifizirenden Naturwissenschaften spielt. Sie vermittelt aber zugleich den Uebergang zu anderen Zweigen der Naturwissenschaft, welche allgemeiner sind, nemlich zur Physik und Chemie, von welchen zweien wir hier nur die erstere vom Gesichtspunkt der Abstraktion speziell berücksichtigen. Die Physik unterscheidet sich von den naturgeschichtlichen Disciplinen offenbar durch eine weiter fortgeschrittene generalisirende Abstraktion, indem sie von allen jenen besondern Eigenschaften der Naturkörper, nach welchen diese in verschiedene Reiche, Klassen, Gattungen etc. getheilt werden, absieht und jene Eigenschaften und Erscheinungen berücksichtigt, welche an den Körpern aller Naturreiche vorkommen, wie Bewegung, Schwere, Elastizität etc.*) Während aber der Uebergang von der Naturgeschichte zur Physik durch generalisirende Abstraktion vermittelt ist, findet dagegen innerhalb der Physik selbst ein vielfacher und wichtiger Gebrauch jener Abstraktion statt, welche Thomas formale genannt hat. Bei der formalen wird nach Thomas eine forma von einer Materie abstrahirt. Unter der forma ist aber, wie Thomas bemerkt, hier nicht die substantiale Form, sondern irgend eine accidentale, eine Formbestimmtheit gemeint. Wenn wir nun das Verfahren des Physikers in den aufeinanderfolgenden Theilen der Physik näher ins Auge fassen, so finden wir, dass er die Naturkörper successiv unter verschiedenen formalen Gesichtspunkten betrachtet. Von den verschiedenen Eigenschaften und Erscheinungen des Wassers z. B. wird in der Statik und Mechanik die Schwere und Bewegung, in der Akustik die Schallleitung, in Optik die Reflexion und Brechung des Lichtes durch Wasser, in der Wärmelehre die Temperatur und die Veränderung der Aggregatzustände, in der Elektricitätslehre endlich die Zerlegbarkeit des Wassers durch den elektrischen Strom berücksichtigt. In jeder besonderen Disciplin der Physik wird also eine andere formale Abstraktion vollzogen; die Naturkörper werden successiv unter verschiedenen formalen Gesichtspunkten betrachtet

---

*) Vgl. Reis Physik. Aufl. 2. S. 1.

und hiedurch ihre allgemeinen Eigenschaften und Gesetze mit zunehmender Distinktheit und Vollständigkeit erkannt und bestimmt. Die Behauptung Cajetans, dass die Erkenntniss durch die formale Abstraktion zu grösserer Distinktheit und Bestimmtheit fortschreite, wird durch die formalen Abstraktionen der Physik und die darauf gegründeten Induktionen vollkommen bestätigt, sowie auch die andere Bemerkung Cajetans, dass bei dieser Abstraktion keiner der Begriffe, die in Betracht kommen, im andern enthalten sei, denn die Begriffe, welche die physikalischen Eigenschaften des Wassers bezeichnen, z. B. Schwere, Durchlässigkeit für Schall und Licht, Temperatur etc. verhalten sich offenbar so, dass keiner im andern enthalten ist.

Bezüglich der Wichtigkeit der formalen Abstraktion bemerken wir noch, dass sie erstens eine Vorbedingung für Eintheilung der Physik und zweitens auch für die physikalische Induktion ist, weil aus den verwickelten Naturerscheinungen ein bestimmtes Naturgesetz nur dann sich induziren lässt, wenn die betreffenden Erscheinungen unter einem ganz bestimmten formalen Gesichtspunkt, der durch Abstraktion gewonnen wird, aufgefasst und untersucht werden. Dieser Zusammenhang zwischen Abstraktion und Induktion wird vielfach zu wenig oder gar nicht beachtet.

In einer Beziehung, so scheint es uns, ist die scholastische Lehre von der abstractio formalis einer Vervollständigung fähig und auch bedürftig. Wenn von formaler Abstraktion die Rede ist, so wird immer nur von solcher gesprochen, wobei das, was abstrahirt wird, Form, und das, wovon abstrahirt wird, Materie ist oder genannt wird. Es entsteht daher die Frage, ob nicht beides, das was, und das wovon abstrahirt wird, Form sein könne? Die modernen Naturwissenschaften geben hierauf eine bejahende Antwort, denn sie unterscheiden z. B. in einem Mineral physikalische und chemische Form, und bei einem organischen Körper z. B. einer Zelle können wir die organische und die chemische Zusammensetzungsform unterscheiden. Bei der Betrachtung eines Krystalles kann der Krystallograph abstrahiren von der chemischen Form, der Chemiker aber von der physikalischen oder mineralogischen Form. Es gibt somit Abstraktionen, in welchen beide Glieder der Abstraktion Formen sind.

Es ist bekannt, wie enge mit der Naturwissenschaft, namentlich in ihrer modernen Ausbildung, die mathematischen Wissenschaften verflochten sind. Sowohl dieser Zusammenhang, als auch der wesentliche Unterschied zwischen der Naturwissenschaft und Mathematik ist ebenfalls schon von der Scholastik und ihrer Abstraktionslehre in den Grundzügen anerkannt und ausgesprochen. Der Uebergang von der Physik zur Mathematik ist nach Thomas und der gesammten Scholastik vermittelt durch eine formale Abstraktion, wobei das, wovon abstrahirt wird, die gesammte sinnliche oder physische Materie ist, das aber was abstrahirt wird, d. h. was noch übrig bleibt, ist Form, nemlich die Form der mathematischen Gebilde, und materia intelligibilis. Unter der materia intelligibilis ist nach der Erklärung von Albertus Magnus *) zu verstehen die „quantitas imaginabilis." Der hl. Thomas spricht sich weniger bestimmt über die materia intelligibilis aus; aber eine Stelle in dem Werke „Super Boeth. de Trinitate" lib. I. q. I. art. 3. solut. argum. zeigt, dass er mit Albertus übereinstimmt, denn er sagt dort: „Partes quantitatis, a quibus demonstratio quodammodo sicut a causa materiali sumi videtur, non sunt materia sensibilis, sed pertinent ad materiam intelligibilem, quae etiam in mathematicis invenitur."

Die von Dr. Schütz **) gegebene Erklärung der intelligibeln Materie kann schon desswegen nicht als richtig anerkannt werden, weil er zur intelligibeln Materie in erster Linie die Bewegung rechnet, was der Lehre des hl. Thomas offenbar widerspricht, denn nach Thomas abstrahirt die Mathematik von der sinnlichen Materie und nur von dieser; nun erklärt Thomas ausdrücklich, ***) „mathematica scientia a motu abstrahit." Würde die Bewegung zur intelligibeln Materie gehören, so würde die Mathematik nach Thomas nicht davon abstrahiren. Sie abstrahirt aber davon nach Thomas. Ergo. Aus der weiter oben angeführten Stelle von Thomas lässt sich auch entnehmen, wesshalb die Quantität als materia der Mathematik bezeichnet wurde, weil sie nemlich das Substrat der mathematischen Operationen, insbesondere der Beweise bildet.

---

*) Opp. Tom. II. pag. 2. a.
**) Einleitung in die Philosophie S. 15.
***) Comment. in Metaph. lib. I. lect. 10.

Sehr bündig aber treffend äussert sich der englische Lehrer über das Verhältniss der Mathematik zur Naturwissenschaft, indem er sagt:*) „Quanto scientia aliqua abstractiora et simpliciora considerat, tanto ejus principia sunt magis applicabilia aliis scientiis. Unde principia mathematicae sunt applicabilia naturalibus, non autem e converso, propter quod physica est ex suppositione mathematicae, sed non e converso.“

Aus dieser Bestimmung des Verhältnisses zwischen Physik und Mathematik von Thomas folgt, dass in der Ordnung des Abstrahirens die Physik vor die Mathematik, dagegen in der Ordnung der prinzipiellen Erkenntniss und Beweisführung die Mathematik vor die Physik zu stehen kommt.

Thesis VIII. Der Formbegriff ist derjenige Punkt, in welchem die scholastische Erkenntnisstheorie und Naturphilosophie und die moderne Naturwissenschaft convergirend zusammentreffen, aber auch andrerseits divergirend auseinandergehen.

Diese Thesis, mit welcher wir vorliegende Schrift beschliessen, hat mit ihrer Begründung einen mehrfachen Zweck; erstens nemlich soll der Zusammenhang zwischen der scholastischen Erkenntnisslehre und Naturphilosophie im Formbegriff nachgewiesen werden; zweitens soll gezeigt werden, dass im Formbegriff auch Scholastik und moderne Naturwissenschaft sich berühren; drittens wird behauptet und ist zu beweisen, dass im Formbegriff Scholastik und moderne Naturwissenschaft divergiren.

Begründung ad 1.

Welch eine wichtige Rolle der Formbegriff in der scholastischen Erkenntnisslehre spielt, lässt sich aus dem entnehmen, was in den vorausgehenden Thesen aus den scholastischen Theorien über die Erkenntnissformen und über die Abstraktion dargelegt worden ist. Alles Erkennen ist nach der Lehre der Scholastik vermittelt durch Formen; und zwar durch Formen auf Seiten der Objekte und auf Seiten des Subjektes der Erkenntniss.

---

*) Super Boeth. lib. I. q. I. art. 3. solut.

Als ein Princip der Erkenntniss erscheint die Form insbesondere in der scholastischen Abstraktionstheorie, denn die intelligible Erkenntniss ist nach Lehre der Scholastik nur dadurch möglich, dass der Intellekt die Formen der Erkenntnissobjekte von der Materie abstrahirt, und auch schon die sinnliche Wahrnehmung namentlich durch die höhern Sinne, Gesicht und Gehör, vollzieht eine Art Abstraktion der Form von der Materie, indem der Sinn z. B. das Gesicht die Formen der Objekte in sich aufnimmt ohne deren Materie. Die Form ist aber nach scholastischer Lehre nicht blos ein Erkenntnissprincip, sondern auch ein Seinsprincip, und zwar der Natur, denn jedes complete Naturwesen ist nach scholastischer Lehre innerlich konstituirt aus Materie und Wesensform. Sofern nun die Form als Wesensform die Naturdinge constituirt, insofern ist sie Naturprincip; soferne sie aber als Erkenntnissform das Erkennen vermittelt, insofern ist sie Erkenntnissprincip.

Zwischen der Erkenntnissform und Wesensform besteht nun allerdings der Unterschied, dass die erstere blos accidentale, die letztere substantiale Form ist, aber beide haben erstens das gemein, dass sie nicht äusserliche, sondern innerlich bestimmende Formen sind; denn durch die Erkenntnissform ist das erkennende Subjekt, durch die Wesensform aber das Objekt innerlich bestimmt oder informirt. Ferner entstehen beiderlei Formen durch eine Art Eduktion (Entwicklung) aus einer Potenz. Die Wesensformen in der Natur, ausgenommen die menschliche Seele, werden nach scholastischer Lehre durch Wirkung natürlicher Ursache aus der Potenz der Materie eduzirt; die Erkenntnissformen aber werden ebenfalls durch natürliche Ursachen aus den erkennenden Potenzen entwickelt. Wegen dieser Analogie zwischen den Erkenntnissformen und Wesensformen glauben wir, dass die Erkenntnissformen, deren Dasein und Entstehung jeder nachdenkende Mensch aus eigener innerer Erfahrung und Beobachtung erkennen kann, dazu dienen können, zum Verständniss und zur Anerkennung der scholastischen Wesensformen in der Natur und ihrer Entwicklung aus der Potenz der Materie überzuleiten. Wenn auch die Erkenntnissformen nicht substantiell, sondern accidentale Bestimmungen und Gestaltungen des erkennenden Menschengeistes sind, so sind sie doch etwas Reelles.

Diese Realität der Erkenntnissformen und die zweifellose
Thatsache ihrer Entwicklung in und aus der erkennenden Potenz
sind der evidente Beweis, dass es ein Entstehen gibt von Realitäten, das nicht auf Bewegungen von Atomen sich zurück-
führen lässt. Mit dem Nachweis und der Anerkennung eines
solchen Entstehens von Formen im Gebiete des Erkennens ist
schon etwas gewonnen gegen jene Art der Atomistik, welche alles
Entstehen auf Bewegung von Atomen reduciren will. Andrerseits
ist von der Anerkennung innerlich bestimmender Erkenntnissformen
zur Annahme der informirenden Wesensformen in der Natur der
Schritt nicht mehr gar so gross oder gar so schwierig. Es
correspondiren in der Scholastik noetische und physische Formen.

Begründung ad 2.

Dass der Formbegriff, der in der Scholastik eine so wichtige
Rolle spielt, auch in der modernen Naturwissenschaft nicht ent-
behrt werden kann, versteht sich von selbst und bedarf keiner
besondern Begründung. Freilich die substantialen Formen der
Scholastik werden von der modernen Naturwissenschaft in der
Regel einfach ignorirt und solang dieselbe auf rein empirischen
Standpunkt stehen bleibt, hat sie keinen Grund, nach substantialen Formen zu fragen, aber auch keinen, sie zu läugnen.
Wenn wir die mannigfaltigen Formen, welche die moderne Naturwissenschaft betrachtet, mit einem sichtenden Blicke überschauen,
lassen sich zunächst zwei Hauptklassen ausscheiden. Die Formen,
mit denen die bescheidenen und klassifizirenden Naturwissenschaften,
Mineralogie, Botanik, Zoologie, sich beschäftigen, haben das gemeinsame Merkmal, dass sie permanente Daseinsformen von individualisirten Naturkörpern sind. Auch die Formen der Weltkörper, Objekt der beschreibenden Astronomie, gehören in diese Klasse.
Es gibt aber in der Natur nicht blos Daseinsformen von Naturkörpern, sondern auch Wirkungsformen von Naturkräften, denn
was die moderne Naturforschung unter dem Begriff des Natur-
gesetzes meint und zusammenfasst, ist nichts anderes als Wirk-
ungsform von Naturkräften. Dass auch die Naturgesetze unter
den Begriff der Form fallen, dafür spricht die Darstellbarkeit dieser
Gesetze in mathematischer Form und die Analogie zwischen Natur-
und Kunstform. Wie es im Gebiete der Kunst zweierlei Formen
gibt, solche die in Gestalt ruhenden Seins sich darstellen, nemlich

die Formen der bildenden Künste, und andere, die in Gestalt der
Bewegung und des Geschehens erscheinen, z. B. die Formen der
Musik und Schauspielkunst, so lassen sich auch in der Natur
Formen des Seins und Formen des Geschehens unterscheiden.
Die Formen des Seins sind jene, durch welche die Naturkörper
charakterisirt sind. Die Formen des Geschehens sind die Natur-
gesetze. Will man für diese beiden Formen kurze charakteristische
Bezeichnungen, so kann man die Seinsformen statische, die
Wirkungsformen dynamische Formen nennen.

Der Unterschied dieser zwei Klassen von Formen ist bedeutsam für die naturwissenschaftliche Abstraktion und für das Verhältniss der Scholastik zur modernen Naturwissenschaft. Für die
Abstraktion ist jener Unterschied der Formen bedeutsam, weil der
Naturforscher in gewissen Disciplinen, namentlich in der Physik,
von der Daseinsform der Naturkörper soviel wie möglich absieht,
und die Wirkungsformen der Naturkräfte zum Hauptobjekt der
Forschung macht, wogegen in andern Disciplinen, wie z. B. Mineralogie, Botanik, Zoologie, in erster Linie die Daseinsformen der
Naturkörper Gegenstand der Betrachtung sind. Für das Verhältniss
der Scholastik zur modernen Naturwissenschaft ist die Unterscheidung von Daseinsformen und Wirkungsformen in der Natur
ebenfalls von Bedeutung. Es ist nemlich die scholastische Naturbetrachtung vorzugsweise, ja fast ausschliesslich auf die Daseinsformen der Naturdinge gerichtet. Die methodische Erforschung
der Wirkungsformen der Naturkräfte, oder der Naturgesetze fehlt
in der mittelalterlichen Scholastik fast gänzlich. Da man die
Form der individualisirten Naturkörper auch mit dem griechischen
Worte Morphe bezeichnet und die Lehre von diesen Naturformen Morphologie nennt, so können wir von der scholastischen Naturphilosophie sagen, sie sei vorwiegend morphologisch.
Hieraus folgt, dass Berührungspunkte zwischen der scholastischen
und modernen Naturwissenschaft, wenn solche existiren, in erster
Linie auf dem Gebiete der Morphologie zu suchen sein werden.
Wir müssen übrigens empirische und speculative Morphologie
unterscheiden. Die empirische Morphologie hat es nur mit solchen
Formen zu thun, welche irgendwie sinnlich wahrnehmbar sind
sei es ohne oder mit Bewaffnung der Sinne. Die speculative
Morphologie frägt nach den übersinnlichen Principien, woraus die

sinnlich wahrnehmbaren Formen entstehen und sich erklären lassen.
Was nun die empirische Morphologie anlangt, so hat dieselbe in
der modernen Naturwissenschaft durch Anatomie und Mikroskopie
einen Grad der Ausbildung erreicht, hinter welchem allerdings
die morphologischen Kenntnisse der mittelalterlichen Scholastik
weit zurückstehen. Der ganze Reichthum jener feinsten und
kleinsten Formgebilde, welche nur dem bewaffneten Auge erkennbar
sind, war ja der Scholastik gänzlich unbekannt und auch jene
Formen, zu deren Wahrnehmung das unbewaffnete Auge hinreicht,
waren damals viel weniger erforscht, als diess gegenwärtig der
Fall ist. Aber dass die Scholastik trotz der Mangelhaftigkeit der
empirischen Morphologie der damaligen Zeit und trotz des Mangels
des Mikroscops ein scharfes spekulatives Auge für die Form und
deren Bedeutung in der Natur hatte, dafür gibt schon die Thatsache Zeugniss, dass die Scholastik gerade der Form die Dignität
eines substantiellen, die ganze Natur durchdringenden Princips zuer-
kennt. Es frägt sich nun, wie die Fortschritte der empirischen
Morphologie der modernen Naturwissenschaft zur spekulativen
Morphologie, oder zu den substantialen Formen der Scholastik sich
verhalten. Eine eingehende Beantwortung dieser Frage ist durch
die Natur unserer Schrift ausgeschlossen. Wir müssen unsere
Antwort möglichst kurz fassen und diese ist: Die Fortschritte der
empirischen Morphologie stehen mit der spekulativen Morphologie
der Scholastik in bester Harmonie und bestätigen dieselbe, wenigstens indirekt. Die Fortschritte der empirischen Morphologie geben
nemlich zunächst dafür Zeugniss, dass die Naturdinge, besonders
der organischen, nicht blos in ihren gröbern, unmittelbar sichtbaren Theilen und Umrissen, sondern bis in die innersten und
feinsten Details hinein, oder besser gesagt, vom Innersten heraus,
von Form durchdrungen und beherrscht sind. Mit ganz besonderer
Evidenz manifestirt sich diese Macht und Herrschaft der Form
in jenen kleinen und feinen Gebilden der organischen Natur, in
welchen ein Maximum von Form in einem Minimum von Materie
dem mikroskopisch bewaffneten Auge sich zeigt. Wer je mikro-
skopische Beobachtungen von organischen Objekten angestellt hat,
wird uns verstehen, was wir sagen wollen mit dem Ausdrucke:
Maximum der Form (d. h. feinste Formvollendung) in einem
Minimum von Materie. Je mehr aber bei der Betrachtung solcher

Formgebilde die Form mit Uebermacht dem Bewusstsein sich auf-
drängt und die Materie in den Hintergrund tritt, um so mehr
stellt sich auch der Gedanke ein, dass der sichtbaren Form ein
unsichtbares Formprincip zu Grunde liegen müsse, und dass die
Form ihrem letzten Grunde nach nicht lediglich ein Appendix oder
ein Accidenz der Materie, sondern ein die Materie durchdringendes
Princip sein müsse. Aus diesem Grunde sagen wir dass die
Fortschritte der empirischen Morphologie die Lehre der scholastischen Morphologie von den substantialen Formen indirekt
bestätigen.

Wie sehr bei einer unbefangenen Betrachtung der Schönheit
und Mannigfaltigkeit der organischen Naturformen der Gedanke
an ein substanzielles Formprincip sich nahe legt, hat auch
Dr. Scherner in der Schrift „Dass die Seele ist‘‘ S. 34 fg. ausgesprochen,
freilich in einer fast überschwänglich poetisch-rhetorischen Weise.
Der so eben genannte Autor hat ganz Recht, wenn er als einen
Beweis für das selbständige und principielle Wesen der Form auch
die Thatsache hervorhebt, dass es in der Natur eine Menge von
Formen gibt, deren Schönheit und Grösse in gar keiner nachweis-
baren Beziehung zu den praktischen Bedürfnissen des betreffenden
Naturwesens stehen. Scherner erinnert insbesondere an solche
Formerscheinungen der Natur, bei welchen die ästhetische Bedeutung der Form besonders augenfällig ist und die praktische
in den Hintergrund tritt, wie diess z. B. in der Grösse und Farben-
pracht des Pfauenschweifes recht augenfällig sich zeigt. Es ist
allerdings für die Morphologie, namentlich für die philosophische,
nicht ohne Bedeutung, das ästhetische Moment der organischen
Formen von dem physiologischen Werthe zu unterscheiden, und
zwar in dem Sinne, dass man den ästhetischen Werth der Form
nicht blos als Mittel, oder als Folge der Funktionen, insbesondere der natürlichen und geschlechtlichen Zuchtwahl gelten
lässt, wie der Darwinismus thut. Es ist eine einseitige, von aller
Idealität und Poesie verlassene Naturanschauung, wenn man den
ästhetischen Werth der Naturformen lediglich als ein zufälliges
Ergebniss der Zuchtwahl und des Kampfes um's Dasein betrachtet.
Gegen diese Naturanschauung bemerkt[*) Scherner mit Recht: „Es

*) L. c. S. 35 fg.

ist, als ob der ganze Pflanzen- und Thierreichthum — in das helleste Lachen ausbräche (über die Behauptung): dass solch eine grossartigste beharrliche Welt des Formenseins aus Zufallberührung der Atome und aus dem Kampfe um das Leben erwachsen sei. Und wie närrisch muss es selbst dem bedenklichern Naturforscher erscheinen, dass der eminent grosse Schweif des Pfauen und die ganze Gestalt desselben, welche in jeder Art unverhältnissmässig zum Kampfe ums Dasein steht, dennoch sich in solcher Form entwickelt habe."

Die organischen Formen zeigen in der That zwei unterschiedene Vollkommenheiten; die eine ist Zweckmässigkeit für Lebensfunktionen und Lebenserhaltung, die andere ist die Schönheit. Oft sind beide Vollkommenheiten so eng verbunden, dass ein Organismus oder ein einzelnes Organ durch dieselben Eigenschaften, welche ihm Zweckmässigkeit verleihen, zugleich schön ist und umgekehrt. Der menschliche Leib z. B. ist durch dieselben Gliederungen und Proportionen, auf welchen seine Schönheit beruht, zugleich zweckmässig. Aber nicht immer und nicht notwendig sind diese zwei Vollkommenheiten der organischen Form so eng verbunden. Die Extremitäten und Gesichtsbildungen der Affen sind für das Leben dieser Thiere ebenso zweckmässig als die Extremitäten und Gesichtsbildungen der Menschen für das menschliche Leben. Welch ein kolossaler Unterschied aber zwischen diesen Formen in Bezug auf Schönheit besteht, ist bekannt. Das Gefieder eines Spatzen ist gewiss nicht weniger zweckmässig, eher zweckmässiger als das eines Pfaues; aber welch ein Unterschied in Bezug auf Schönheit! Dieses Auseinandergehen der zwei Formvollkommenheiten, nemlich der Zweckmässigkeit und der Schönheit, ist für die spekulative Morphologie insofern bededeutsam, als daraus folgt, dass die eine dieser Vollkommenheiten nicht aus der andern als Wirkung abgeleitet und erklärt werden kann, dass vielmehr beide aus einem gemeinsamen tiefer liegenden Princip begriffen werden müssen.

Ein solches Princip ist die von der peripatetischen Philosophie angenommene Wesensform. Die Wesensform ist nach der Lehre der Scholastik Princip der Funktionen und zugleich der Formation oder der Gestalt der Organismen.

Sofern die Wesensform Princip der Funktionen des Organismus ist, gestaltet sie die Organe für den Zweck der Funktionen und daher zweckmässig; sofern aber die unsichtbare Wesensform das bildende Princip der sichtbaren Gestalt des Organismus ist, gestaltet es denselben bald mehr bald weniger nach den Gesetzen der Schönheit. Nach dieser Auffassung ist die Wesensform die gemeinsame Quelle, aus welcher Zweckmässigkeit und Schönheit der organischen Formen entspringen, jedoch so, dass die Zweckmässigkeit, weil notwendig für den Bestand der Dinge, auch allgemeiner zur Geltung kommt als die Schönheit. *)

Da uns diese morphologischen Erörterungen ihrer Natur gemäss auf die Form als Princip der Schönheit und deren Bedeutung für die Morphologie geführt haben, wollen wir noch kurz hervorheben, dass auch der mächtige Eindruck der Formenschönheit auf die menschliche Seele für die speculative Morphologie, namentlich für die Lehre von der menschlichen Seele als Wesensform sich verwerthen lässt. Wenn nemlich, wie katholische Kirche und Scholastik lehren, die menschliche Seele ihrem Wesen nach Form und zwar substantiale Form ist, so ist es ganz natürlich, dass sie an den sichtbaren Formen und deren Schönheit sich erfreut. Die Wesensform der menschlichen Seele gleicht einer gespannten Saite, welche durch die mit ihr verwandten Formen in Natur und Kunst in ihrem Innersten erschüttert und in harmonische Schwingungen versetzt wird.

Die menschliche Seele hat nicht blos Wohlgefallen an Formen, sondern sie schafft auch Formen; sie ist, um einen Ausdruck des sel. Albertus zu gebrauchen, forma formans. **) Es wäre nicht schwer zu zeigen, dass alle Thätigkeiten der menschlichen Seele formende Thätigkeiten sind; am evidentesten ist diess in den Kunstthätigkeiten. Die Ausführung dieses Gedankens würde uns jedoch von unserm gegenwärtigen Thema abziehen. Im innersten Zusammenhang aber mit unserm Thema steht das mächtige Interesse der menschlichen Seele an den Formen der Natur, namentlich den organischen. Aus diesem Interesse ist auch die Naturforschung und insbesondere der morphologische Zweig derselben hervorge-

---

*) Von einem höhern Standpunkte aus kann man sagen, dass Gott als Urheber der Natur in der Zweckmässigkeit der Naturformen sich als absolute Weisheit, in der Schönheit dieser Formen als absolute Schönheit und als Quelle der Schönheit offenbare.

**) Opp. To. V. q. 602. b.

gangen. Dieses Interesse an den Naturformen, das den Menschen antreibt, jene Formen immer vollständiger und gründlicher zu erforschen, hat seinen tiefsten Grund darin, dass die menschliche Seele selbst eine Wesensform und mit den Wesensformen in der organischen Natur zwar nicht identisch aber doch als Form verwandt ist. Hiemit sind wir bei einem Punkte angekommen, in welchem nach unserer Ueberzeugung der innerste Zusammenhang dessen, was die Scholastik von der menschlichen Seele und der Natur lehrt, mit der Entwicklung der Naturwissenschaften sich enthüllt, denn die scholastische Lehre, dass die menschliche Seele Wesensform und mit den Naturformen in dieser Beziehung verwandt sei, bietet den psychologischen Erklärungsgrund dafür, wesshalb der Mensch einen Hochgenuss in der Betrachtung und Erforschung der Naturformen findet und mit unermüdlichem Eifer an der Vervollkommnung der Wissenschaft von diesen Formen arbeitet. So eben beim Niederschreiben dieser Worte taucht im Verfasser selbst die Erinnerung auf, wie er manchmal bei Betrachtung schöner mikroskopischer Gebilde an der Zartheit und Vollkommenheit ihrer Formen sich kaum satt sehen konnte.

Wir haben oben Daseinsformen und Wirkungsformen in der Natur unterschieden und im Vorausgehenden gezeigt, dass Scholastik und moderne Naturforschung in der Auffassung und Erforschung der Daseinsformen der Naturdinge besonders der Organismen sich gegenseitig ergänzen; indem die moderne Naturforschung eine viel genauere und vollständigere empirische Erkenntniss der Daseinsformen der Naturdinge als die Scholastik gewährt, wogegen aber die scholastische Spekulation tiefer in des Innere der Naturformen eindringt und die sinnlich wahrnehmbaren Formen aus unsichtbaren Formprincipien erklärt. Es übrigt jetzt noch der Nachweis der Beziehungen zwischen Scholastik und moderner Naturwissenschaft in jenen Zweigen der Naturforschung, welche vorzugsweise mit den Wirkungsformen der Naturkräfte sich befassen. Zu diesen Zweigen der Naturforschung gehört vor Allem die Physik. Wir werden bei dem Nachweis der Beziehungen zwischen Scholastik und moderner Naturforschung in Betreff der Wirkungsformen der Naturkräfte auf die Physik uns beschränken und in der Weise verfahren, dass wir zeigen, wie verschiedene fundamentale Lehren der Scholastik durch Entdeckungen und Lehren der modernen Physik, theils illustrirt theils bestätiget werden.

Es darf im Allgemeinen als bekannt vorausgesetzt werden, welch eine wichtige Rolle in der ganzen Scholastik die Lehre von den Universalien spielt und dass der hl. Thomas wie auch Albertus in der Frage von den Universalien einen gemässigten Realismus vertheidigen, dessen wesentlichster Lehrpunkt in dem Satze besteht, das Universale sei zwar nicht formaliter, nicht in der Abstraktion, wie es gedacht wird, aber doch fundamentaliter, d. h. rücksichtlich dessen, was im Begriffe gedacht wird, objektiv in den Dingen. Diese Lehre des gemässigten Realismus von der objektiven Realität des Universalen oder Allgemeinen erhält, so scheint es uns, eine nicht unwichtige Bestätigung durch die von der modernen Naturwissenschaft nachgewiesenen Naturgesetze; denn jedes Naturgesetz ist einerseits etwas Allgemeines, ein Universale, es gilt stets für alle einzelnen Erscheinungen einer bestimmten Kategorie z. B. die Fallgesetze für alle Erscheinungen des freien Falles; das Gravitationsgesetz für alle Bewegungen der Himmelskörper. Dass jedes wahre Naturgesetz ein Universale ist, lässt sich also nicht bezweifeln. Zugleich aber ist jedes Naturgesetz auch etwas objectiv Reales. Keinem Naturforscher, wenn er nicht etwa vom Idealismus angesteckt ist, wird es einfallen, zu denken oder zu behaupten, die Bewegungsgesetze der Weltkörper, die Gesetze des Lichtes, der Wärme und der übrigen Naturkräfte seien lediglich subjektive Vorstellungen. Die gesammte Naturforschung setzt sowohl die Allgemeinheit als die objektive Realität der Naturgesetze voraus und stimmt hiemit dem gemässigten Realismus des hl. Thomas bei. Wir glauben sogar dass, wenn schon zur Blüthezeit der Scholastik die physischen Naturgesetze so bekannt gewesen wären, wie gegenwärtig, der Nominalismus entweder gar nicht aufgekommen oder viel schneller und leichter überwunden worden wäre.

Bei den Wirkungsformen der Naturkräfte, den Naturgesetzen, tritt das Concrete und Singuläre viel mehr zurück, als bei den Daseinsformen der Naturkörper und zugleich offenbart sich die objektive Realität der Naturgesetze in ihrer Unabhängigkeit von menschlicher Willkür. Darum ist die Realität des Allgemeinen in den Wirkungsformen der Naturkräfte, in den Naturgesetzen, leichter oder doch mit grösserer Evidenz erkennbar als in den Daseinsformen der Naturkörper.

Unter den Gesetzen, welche die moderne Naturforschung in der physischen Welt entdeckt hat, ist eines der allgemeinsten dasjenige, das man als das Gesetz der Erhaltung der Kraft oder der Energie bezeichnet. Nach der Erklärung von Helmholtz *) sagt dieses Gesetz aus, dass die Quantität der im Naturganzen vorhandenen wirkungsfähigen Kraft unveränderlich sei, weder vermehrt noch vermindert werde. Aus diesem Gesetze folgt ein anderes, das in der Naturwissenschaft bekannt und anerkannt ist, aber noch keinen besondern Namen hat. Dieses Gesetz bezieht sich auf den Kraftaufwand und lässt sich, wie folgt, formuliren: Wenn von einer sich gleich bleibenden Kraftquelle mehrere und verschiedene Wirkungen oder Funktionen zugleich ausgehen sollen, so kann jener Betrag von Kraft, der für einen bestimmten Effect aufgewendet wird, für einen andern nicht aufgewendet werden, und hieraus folgt weiter, dass in jenen Fällen, in welchen von einer einheitlichen Kraftquelle möglicherweise mehrere Wirkungen ausgehen, das Quantum von Kraft, das für einen bestimmten Effekt aufgewendet wird, zu jenem Kraftquantum, das noch für andere Effekte zur Verfügung bleibt, im umgekehrten Verhältnisse steht; je mehr von der Gesammtkraft für einen bestimmten Effekt verwendet wird, um so weniger bleibt noch übrig für die andern. Man könnte dieses Gesetz, da es den Kraftaufwand betrifft, das Gesetz des Kraftverbrauches nennen. Einen Specialfall dieses Gesetzes aus dem Gebiete der Licht- und Wärmeerscheinungen führt der englische Physiker Tait in seinen Vorlesungen über neue Fortschritte der Physik, dritte Vorlesung, über Erhaltung der Energie **) an mit den Worten: „Eine höchst schätzbare Experimentaluntersuchung von Joule bezieht sich auf die Frage nach dem mechanischen Werthe des Lichtes. Er verglich die Wärmemenge, welche in dem Leitungsdraht eines galvanischen Stromes entwickelt wurde, wenn derselbe durch den Durchgang des Stromes glühend geworden war, mit der Wärmemenge, die ein Strom von gleicher Stärke in demselben Draht hervorrief, wenn das Glühen durch Eintauchen des Drahtes in Wasser verhindert wurde. Diese Versuche zeigten eine kleine, aber unverkennbare Abnahme der

---

*) Vorträge Heft II. S. 142.

**) Deutsche Ausgabe von Werthheim S. 55.

Wärme in dem Falle, wo auch Licht ausstrahlte." Dieses Faktum ist eine leicht erklärliche Folge des vorhin erwähnten Gesetzes vom Kraftverbrauch bei gleich bleibender Kraftsumme; denn wenn der glühende Draht Licht ausstrahlte, wurde ein Theil der Kraft für den Lichteffekt verwendet und dieser Theil ging verloren für den Wärmeeffekt, folglich musste der Wärmeeffekt geringer sein, wenn zugleich Licht vom Draht ausstrahlte, als wenn diess nicht der Fall war. Es gibt unter den Wärmeeffekten des alltäglichen Lebens eine Thatsache, die noch deutlicher als die von Tait erzählte, das Gesetz, um das es sich handelt, bestätigt. Wenn man in einen Ofen, der ein Wohnzimmer heizen soll, ein mit kaltem Wasser gefülltes Gefäss stellt, so dass gleichzeitig mit der Beheizung des Zimmers die Erwärmung einer Quantität kalten Wassers stattfinden muss, so wird das Zimmer schwächer und langsamer geheizt, als wenn kein kaltes Wasser in dem Ofen wäre, denn jene Wärme, welche vom Feuer dem kalten Wasser zukommt, kann natürlich nicht in das zu beheizende Zimmer gelangen.

Wir finden nun in der theologischen Summe des hl. Thomas an mehreren Stellen ein psychisches Gesetz ausgesprochen, welches für das psychische Gebiet dasselbe aussagt, was das vorhin erwähnte Gesetz des Kraftgebrauches für das physikalische Gebiet behauptet.

Bei Beantwortung der Frage, ob der Schmerz die Fähigkeit zum Lernen zeitweilig ganz aufheben könne, was Thomas bejaht, wird in der Begründung gesagt*): „Respondeo dicendum, quod, quia omnes potentiae animae in una essentia animae radicantur, necesse est, quod quando intentio animae vehementer trahitur ad operationem unius potentiae, retrahatur ab operatione alterius." Dieser Satz des hl. Thomas wird durch psychologische Erfahrungen der neuern Zeit, z. B. durch die sogenannte persönliche Differenz bei astronomischen Zeitbeobachtungen bestätigt. Doch auf diese Bestätigungen des von Thomas ausgesprochenen Gesetzes durch psychologische Erfahrungen der neuern Zeit legen wir hier nicht das Hauptgewicht, sondern darauf, dass dieses psychische Gesetz und jenes physikalische, wovon wir so eben gesprochen, nur zwei verschiedene Erscheinungsformen eines und desselben allgemeinern

---

*) S. th. 1. 2ae qu. 37 a. 1. c.

Gesetzes sind, dass nemlich bei einer endlichen Wirkursache, welche von der überhaupt verfügbaren Gesammtkraft ein bestimmtes Quantum für eine bestimmte Wirkung verwendet, um so weniger verwendbare Kraft für andere Wirkungen übrigbleibt, je mehr schon jene erste in Anspruch nimmt. Es gehört dieses Gesetz zu jener Kategorie von Naturgesetzen, wobei gewisse Grössen im umgekehrten Verhältnisse von einander abhängen, so dass mit Zunahme der einen Grösse eine Abnahme der andern verbunden ist. Bei jeder einheitlichen endlichen Wirkursache steht das Quantum der für eine bestimmte Wirkung verwendeten Kraft zu dem für andere Wirkungen noch übrig bleibenden im umgekehrten Verhältnisse; je grösser das eine, um so kleiner das andere. Die Folge ist, dass auch die Quantitäten, resp. Intensitäten der Effekte im umgekehrten Verhältnisse stehen müssen. Dieses Gesetz des umgekehrten Intensitätsverhältnisses gleichzeitiger Effekte einer und derselben Wirkursache hat der hl. Thomas für das psychologische Gebiet kurz und präcis ausgesprochen in dem Satze*): „Necesse est, quod, quando una potentia intenditur in suo actu, altera in suo actu remittatur." Die moderne Physik bestätiget also in ihrem Gebiete ein Gesetz, dass die Scholastik schon vor sechs Jahrhunderten in der Psychologie erkannt und angewendet hat.

Der hl. Thomas macht von diesem psychischen Gesetze eine wichtige Anwendung; er folgert nemlich daraus die Einheit des Princips der Actionen im Menschen. In der theologischen Summe I. qu. 76. a. 3. stellt er die Frage, ob im Menschen ausser der intellektiven Seele noch andere, von der intellektiven essentiell verschiedene Seelen seien. In der ausführlichen Begründung der negativen Antwort lautet das dritte Argument: „Tertio apparet, hoc esse impossibile, per hoc, quod una operatio animae, cum fuerit intensa, impedit aliam; quod nullo modo contingeret nisi principium actionum esset per essentiam unum. Sic ergo dicendum, quod eadem numero est anima in homine, sensitiva et intellectiva et nutritiva."

Gegen diesen Schluss liesse sich vom Standpunkt der Physik und Psychologie folgende Einwendung erheben: Die Hemmung einer Kraftwirkung durch eine andere kann im Allgemeinen aus

---

*) S. th. 1. 2ae. qu. 77. a. 1 c.

zweierlei Ursachen entstehen. Eine Entstehungsursache kann darin liegen, dass die fraglichen Kraftwirkungen von derselben Kraftquelle ausgehen, und folglich das oben erklärte Gesetz des umgekehrten Intensitätsverhältnisses gelten muss. Eine andere Entstehungsursache kann aber sein, dass die betreffenden Kraftäuserungen mit einander in Widerstreit stehen oder kommen, denn widerstreitende Kräfte müssen sich gegenseitig hemmen. Bei widerstreitenden Kräften kann aber die Hemmung eintreten, auch wenn sie nicht von e i n e m Princip oder einer Kraftquelle, sondern von verschiedenen ausgehen. Zwei Tonwellensysteme z. B. können sich gegenseitig durch Widerstreit hemmen, obwohl sie von verschiedenen Tonquellen ausgehen; da also auch die andere Art von Hemmung, nemlich durch direkten Widerstreit verschiedener Kräfte vorkommt und da bei dieser die sich hemmenden Kraftäusserungen nicht von derselben Kraftquelle ausgehen müssen, so muss zur Vervollständigung des Schlusses, womit Thomas aus den psychischen Hemmungserscheinungen die Einheit der Seele im Menschen beweist, noch gezeigt werden, dass diese Hemmungen nicht aus einem Widerstreit der dabei betheiligten Kräfte und Akte entspringen. Nur dann, wenn die Entstehung dieser Hemmungen aus Widerstreit ausgeschlossen ist, bleibt die andere Entstehungsweise, nemlich aus der Einheit der Kraftquelle oder des thätigen Prinzips, als die allein mögliche übrig.*) Um den Fragepunkt noch genauer zu bestimmen, wollen wir aus den Hemmungserscheinungen, um die es sich handelt, eine besondere Spezies herausgreifen. Es ist eine bekannte Erfahrung, dass der Mensch in den Augenblicken angestrengten Nachdenkens für sinnliche Eindrücke weniger empfänglich, dass seine sinnliche Perceptionsfähigkeit vermindert ist. Fragen wir nach der Ursache dieser Thatsache, so können wir zunächst disjunktiv antworten: die Ursache liegt entweder in einem Widerstreit

---

*) Die Hemmung durch Widerstreit ist direkt, weil die zwei Kräfte, die sich hemmen, direkt einander gegenübertreten; dagegen ist die Hemmung, die aus der Einheit der Kraftquelle entsteht, indirekt, denn es streitet in diesem Falle nicht eine Kraft gegen eine andere, sondern es wird blos die für einen Effekt verwendete Kraft einem andern entzogen. Der hl. Thomas bezeichnet den hemmenden Einfluss intensiver Thätigkeit einer psychischen Potenz auf die Akte einer andern Potenz, z. B. der sinnlichen Passionen auf den Willen ausdrücklich als einen indirekten Einfluss.

der Akte und Kräfte, zwischen welchen Hemmung stattfindet, oder
darin, dass dieselben in einem und demselben Princip wurzeln. Das
erste Glied dieser Disjunktion ist zu negiren, und hiebei können
wir einige Wahrheiten der modernen Physik zur Begründung eines
Lehrsatzes der scholastischen Psychologie verwenden. Die Physik
kennt Hemmungswirkungen zwischen Naturkräften von zweierlei
Art, solche, die aus Widerstreit, und solche, die aus Einheit der
Kraftquelle entstehen. Von der letzteren Klasse wurden bereits
oben Fälle angeführt. Zur ersteren Klasse von Hemmungswirkungen im physikalischen Gebiete gehören die Interferenzerschein-
ungen bei den verschiedenen Arten von Wellenbewegungen, denn
Interferenz findet statt, wenn zwei Wellensysteme, die von verschiedenen Punkten ausgehen, in einem Punkte mit entgegengesetzter Schwingungsphase zusammentreffen und in Folge dessen
sich gegenseitig aufheben oder schwächen. Die Interferenz ist also
offenbar Hemmung durch Widerstreit; aber es ist wohl zu beachten, dass diese Hemmungserscheinung im physikalischen Gebiete
von zwei Bedingungen abhängt; erstens nemlich können nur
solche Wellensysteme, welche von gleicher Art sind, also Lichtwellen mit Lichtwellen, Schallwellen mit Schallwellen etc. durch
Interferenz sich gegenseitig hemmen, nicht aber Licht- und Schallwellen; zweitens müssen dieselben in demselben Punkte mit entgegengesetzter Phase zusammentreffen. Etwas Analoges gilt nun
auch von psychischen Akten und Kräften. Auch hier tritt Hemmung
durch Widerstreit nur ein, wenn erstens die betreffenden Akte
und Kräfte auf dasselbe Objekt aber in entgegengesetzter Weise
gerichtet sind, z. B. wenn die sinnliche Begierde denselben Genuss
anstrebt, den Vernunft und Gewissen verbieten. Zum vollkommenen
Widerstreit wäre überdiess im psychischen Gebiete, ähnlich, wie
im physikalischen, Gleichartigkeit der widerstreitenden Kräfte und
Akte notwendig. Diess deutet auch schon der hl. Thomas an bei
Beantwortung der Frage, ob der menschliche Wille durch die sinnlichen Passionen bewegt werde. Er antwortet nemlich: Da der
Wille eine immaterielle Potenz sei, so können die Passionen
des sinnlichen Begehrungsvermögens, (welches nicht rein immateriell
ist) den Willen nur indirekt bewegen, indem sie ihn von der ihm
eigenthümlichen Funktion abziehen oder das richtige Vernunfturtheil
hindern. Beachten wir wohl den Grund, wesshalb Thomas keine

direkte, sondern nur eine indirekte Beeinflussung oder Hemmung des vernünftigen Willens durch das sinnliche Begehrungsvermögen zugibt; dieser Grund ist die verschiedene Natur und Dignität der beiden Vermögen; das eine ist immateriell, das andere nicht. Wenn wir nun zurückkehren zu der Frage, ob die Hemmung der sinnlichen Perceptionsfähigkeit und Wahrnehmung durch angestrengtes Nachdenken in einem Widerstreit begründet sein könne, so haben wir zwei entscheidende Gründe zur negativen Antwort; erstens nemlich tritt jene Hemmung ein, obwohl sinnliche und intellektive Thätigkeit auf verschiedene, jedenfalls formalverschiedene Objekte gerichtet sind; zweitens sind diese Akte von verschiedener Art und Dignität. Also fehlen die Bedingungen des Widerstreites und jener Hemmung, die aus Widerstreit entsteht; also können diese Hemmungen ihren Entstehungsgrund nur darin haben, dass die betheiligten Kräfte und Akte in einem und demselben Princip wurzeln, wie der hl. Thomas lehrt.

Wir haben bis jetzt in dem Beweis der VIII. Thesis, die vom Formbegriff ausging, für drei wichtige Lehrpunkte der Scholastik, nemlich für die Lehre von den Wensensformen in der Natur, dann für die Lehre von den Universalien, und endlich für die Lehre von der Einheit der Seele oder des Lebensprinzips im Menschen Bestätigungen durch die moderne Naturwissenschaft nachgewiesen. Diese Bestätigungen scholastischer Lehren von Seiten der modernen Naturwissenschaft liessen sich unschwer noch vermehren. Wir wollen aber für jetzt davon absehen, und zum Schluss der Begründung dieser Thesis noch einige nicht unwichtige Differenzen zwischen Scholastik und moderner Naturwissenschaft in der Anwendung des Formbegriffs hervorheben.

Begründung ad 3.

Bei dem Nachweis der Differenzen zwischen Scholastik und moderner Naturwissenschaft in Betreff des Formbegriffes werden wir uns auf solche Differenzpunkte beschränken, die aus dem Herrschendwerden der kausalen und mechanischen Naturerklärung in der modernen Naturwissenschaft als Folgen sich ergeben. Es ist anerkanntermassen Aufgabe der Naturwissenschaften, die Naturerscheinungen aus ihren Wirkursachen zu begreifen und zu erklären, und schon die Scholastik hat diese Aufgabe im Prinzip dadurch ausgesprochen, dass sie lehrte, jedes Wissen sei eine cognitio ex causis.

Dass trotz Anerkennung dieses Princips die scholastische Erklärung
der Natur aus Wirkursachen in vielen Punkten mangelhaft war,
soll nicht in Abrede gestellt werden Die moderne Naturwissenschaft hat in der Naturerklärung aus Wirkursachen ohne Zweifel
grosse Fortschritte über die Scholastik hinaus gemacht. Aber nicht
alle Zweige der Naturwissenschaft haben an diesen Fortschritten
den gleichen Antheil, sondern es sind in erster Linie jene Zweige,
welche eine mathematische Behandlung und mathematische Formu-
lirung ihrer wesentlichen Resultate zulassen, nemlich Physik und
Chemie. Mit den Fortschritten der kausalen Erklärung in diesen
Wissenschaften hat aber gleichzeitig eine fortschreitende Verdrängung der teleologischen Naturanschauung stattgefunden; eine Thatsache, welche der Anatom Henle *) hervorhebt, indem er sagt: „In
derselben Reihenfolge, in der die verschiedenen wissenschaftlichen
Fächer dem Experiment zugänglich wurden, haben sie sich von
der Teleologie abgewandt. Physik und Chemie haben diesen Um-
schwung längst vollendet und sich dadurch den Namen der exakten
Naturwissenschaften erworben." — „Am längsten und am wenigsten
angefochten hat die Teleologie in den beschreibenden Naturwissenschaften sich erhalten." Zwar verdanken die sogenannten exakten
Wissenschaften ihre Exaktheit nicht dem negativen Umstande, dass
sie von der Teleologie sich abgewendet haben, sondern anderen
positiven Ursachen, dem Experiment, der Anwendung der Mathematik und der Erklärung der Erscheinungen aus Wirkursachen,
auch ist die Verdrängung der teleologischen Naturbetrachtung
durch die fortschreitende Erkenntniss der Wirkursachen nicht so
aufzufassen, als ob zwischen der einen und andern ein prinzipieller
Widerstreit bestände, da beide vielmehr, richtig verstanden, sich
gegenseitig ergänzen; aber Thatsache ist es, dass zuerst und vorzugsweise die exakten Zweige der Naturwissenschaft von der
Teleologie sich abgewendet haben; und diese Abwendung von der
Teleologie ergriff dann allmählig auch die übrigen Theile der
modernen Naturwissenschaft, so dass ein grosser Theil der neuern
Naturforscher die Teleologie aus der gesammten Naturwissenschaft
verbannen will.

Nun aber ist mit der Teleologie diejenige Morphologie, welche

*) Vorträge II. S. 65 und 66.

substantielle Formprinzipien in der Natur annimmt, nemlich die
scholastische solidarisch verbunden, denn gerade die Teleologie der
Naturformen und ihrer Funktionen ist der Hauptgrund für die
Annahme immanenter und substantieller Formprincipien. Hieraus
folgt, dass die moderne Naturforschung insofern, als sie von der
Teleologie sich abwendet, zugleich von der scholastischen Morphologie sich entfernt. Die Folge dieser Abwendung von Teleologie und
Morphologie war das Ueberhandnehmen einer einseitig atomistischen
und mechanistischen Naturerklärung. Wir sehen desshalb den
ersten und hauptsächlichsten, wenn auch nicht einzigen Grund der
tiefer greifenden Differenzen zwischen Scholastik und moderner
Naturwissenschaft darin, dass die für Naturerklärung und Naturphilosophie massgebenden Ursachen, namentlich die causa finalis,
formalis und efficiens und deren principielle Ordnung und Bedeutung
beiderseits verschieden aufgefasst und geordnet werden, indem in
der Scholastik der Zweck und die Wesensform, in der modernen
Naturwissenschaft aber die wirkende und materiale Ursache den
Principat haben.

Aber nicht blos auf den Charakter der Naturwissenschaft,
sondern auch auf die Erkenntnisstheorie erstreckt sich der Einfluss der dominirenden Stellung, welche die Wirkursache in der
modernen Naturwissenschaft erhalten hat. Die moderne Physik und
Physiologie, namentlich die Sinnesphysiologie, hat sich bekanntlich
in Beziehung gesetzt zur Erkenntnisstheorie und dieselbe namentlich
seit Kant und dem Physiologen J. Müller beeinflusst. Dieser
Einfluss war aber gemäss dem in der Naturwissenschaft herrschend
gewordenen Interesse für die wirkursächlichen Verhältnisse zunächst
darauf gerichtet, auch in den Erkenntnissprozessen die einzelnen
Wirkursachen, ihre Wirkungsweise und ihren Zusammenhang auf-
zudecken. Namentlich suchte man die Mittelglieder auf, welche
bei der sinnlichen Wahrnehmung zwischen dem Objekt und der
fertigen Wahrnehmung liegen. Solche Mittelglieder sind z. B.
beim Sehen die Lichtwellen und die physiologischen Vorgänge im
Gesichtsorgane; beim Hören die Schallwellen und die Vorgänge
im Gehörsinne. Manches Neue, was die Scholastik nicht, oder
nur ungenau wusste, ist dabei entdeckt worden. Aber diese vorwiegend auf die Wirkursachen und Mittelursachen des Erkennens

gerichtete Forschung brachte für die moderne Erkenntnisslehre auch eine Gefahr mit sich, nemlich diese, das teleologische Moment zu wenig zu beachten oder es dem wirkursächlichen unterzuordnen. Dieser Gefahr sind die modernen Erkenntnisstheorien nicht entgangen und eine Folge davon war der Idealismus, der die Uebereinstimmung der menschlichen Erkenntniss, vor Allem der sinnlichen, mit der Wirklichkeit bezweifelt oder läugnet. Der Zusammenhang des Idealismus mit der einseitigen Betrachtung des Erkennens vom Standpunkt der Wirkursachen hat seinen Grund darin, dass zwischen Wirkursachen und Wirkung nicht notwendig ein Verhältniss der Conformität oder Aehnlichkeit besteht und also durch die wirkursächlichen Momente des Erkenntnissprozesses die zum wahren Erkennen notwendige Conformität zwischen der Erkenntniss und ihrem Objekt nicht schon eo ipso garantirt ist. Hiezu kommt noch, dass die Wirkursachen im Erkenntnissprozess, namentlich im sinnlichen, zum Theil so beschaffen sind, oder zu sein scheinen, dass sie eine Conformität zwischen Vorstellung und Objekt nicht nur nicht gewährleisten, sondern sogar unmöglich zu machen scheinen. Man denke z. B. an die Lehren der Physik von den Lichtwellen und an die Farbenempfindungen, welche dadurch im Auge hervorgerufen werden. Offenbar sind die Lichtwellen nächste Ursachen der Farbenempfindungen. Was aber die Physik von den Eigenschaften der Lichtwellen lehrt, scheint gegen jede Conformität zwischen der Farbenempfindung und ihrem Objekt zu sein, mögen wir als Objekt das Licht oder das im Lichte Sichtbare betrachten. Die von der Physik nachgewiesenen Eigenschaften der Lichtwellen sind bekanntlich lauter quantitative Bestimmungen; Wellenlänge, Geschwindigkeit, Intensität oder Energie, und die Verschiedenheiten der Lichtwellen von einander sind quantitative Verschiedenheiten. Die Farbenempfindungen aber sind etwas entschieden Qualitatives und ihre Unterschiede gleichfalls qualitativ. Eine Conformität zwischen dem Inhalt unserer Farbenempfindungen und dem Lichte scheint also unmöglich zu sein. Ebenso unmöglich scheint aber die Conformität zu sein zwischen der Farbenempfindung und dem Objekte, das im Lichte als farbig erscheint, denn dieses Objekt ist ja unserem Auge nur durch die von demselben reflektirten Lichtstrahlen präsent und wahrnehmbar. Es scheint daher, dass vor Allem eine Conformität zwischen Farbenempfindung und Licht bestehen müsste, wenn zwischen

dem Inhalt der Farbenempfindung und der Flächenbeschaffenheit des
im Lichte sichtbaren Objektes Conformität stattfinden soll. Da
nun die erstere Conformität unmöglich zu sein scheint, so auch
die zweite. Diese erhobenen Schwierigkeiten gegen die Conformität
der Farben in unseren Augen mit objektiv vorhandenen Farben
sollten zunächst nur zeigen, dass man bei der Untersuchung des
Prozesses der sinnlichen Wahrnehmung vom Standpunkt der Wirkursachen auf wirkliche und ernstliche Schwierigkeiten stösst und
dass somit allerdings eine einseitig causale Betrachtung des Erkenntnissprozesses dahin führen kann, die Confirmität zwischen
Erkenntniss und Objekt zu bezweifeln oder zu läugnen.

Diese Bemerkungen über den Zusammenhang des Idealismus
in der Erkenntnisslehre mit einer einseitigen Betrachtung der Wirk-
und Mittelursachen des Erkennens waren bereits niedergeschrieben,
als der Verfasser in der neuesten Schrift von P. Pesch „Das
Weltphänomen" ähnliche Gedanken ausgesprochen fand. In der
genannten Schrift S. 74 wird bemerkt, dass in den Vorgängen,
um die es sich handelt, der Sachverhalt unverändert bleibe, „wenn
ein oder mehrere Mittelglieder in die objektive Vermittlung einge-
schoben werden, wie das z. B. beim Telephon der Fall ist". Das
in diesen Worten Ausgesprochene mit Einschluss des Beispiels vom
Telephon hat Verfasser dieser Schrift bereits im letzten Wintersemester
in einer Vorlesung über sinnliche Wahrnehmung weiter ausgeführt,
indem er nachwies, dass zwischen den beiden extremen Gliedern
eines causalen Prozesses ein Verhältniss der Conformität oder
Aehnlichkeit bestehen kann, wenn auch die Mittelglieder keinem
der beiden extremen Glieder conform sind. Beim Telephon sind
die beiden extremen Glieder des Prozesses, am Anfange und Ende,
Schallbewegungen, denn der Sprechende erzeugt, der Hörende aber
vernimmt Schall; aber die Bewegungen, welche zwischen den beiden
Endpunkten des Prozesses stattfinden und den Uebergang von der Auf-
gabe- zur Empfangsstation vermitteln, sind von ganz anderer Art; es
sind theils magnetische, theils elektrische Vorgänge. Die Anwendung dieser Vorgänge beim Telephoniren auf den Prozess der sinnlichen Wahrnehmung bestand darin, dass ich mit den beiden extremen Gliedern des telephonischen Vorganges die beiden extremen
Glieder des sinnlichen Wahrnehmungsprozesses, z. B. des Sehens,
in Parallele setzte. Diese Glieder sind einerseits das Objek

mit seinen sinnlichen Qualitäten, andererseits der Wahrnehmungs-
inhalt z. B. eine Farbenempfindung. Das Objekt ist gewissermassen die Aufgabestation, das Subjekt resp. der Sinn die Empfangsstation. Ihre Communikation ist vermittelt beim Sehen durch
Licht, beim Hören durch Schallwellen. Wie nun beim Telephoniren Anfang und Ende conform und gleichartig sind, obwohl
die vermittelnden Prozesse mit keinem der extremen Glieder gleichartig sind, so besteht auch beim sinnlichen Wahrnehmen, z. B,
beim Sehen von Farben wenigstens die Möglichkeit, dass zwischen
der Qualität des Objektes, das farbig erscheint, und dem Inhalte
der Farbenempfindung eine wirkliche Conformität stattfinde, wenn
auch etwa die vermittelnden Lichtwellen als solche keine Farbe
haben. Uebrigens möge hier nur nebenbei bemerkt sein, dass
die Physik bis jetzt in den Lichtwellen zwar nur quantitative
Eigenschaften, wie Wellenlänge, Schwingungszahl, Energie, und
nur quantitative Unterschiede entdeckt hat, aber daraus folgt
noch keineswegs, dass keine Qualität und kein qualitativer Unterschied da sein kann Wenn man den Mittheilungen des Baron
von Reichenbach in seinem „Sensitiven Menschen" Bd. I. S. 463
§ 954 über die eigenthümlichen physiologischen Wirkungen des
grünen Lichtes auf sensitive Personen Glauben schenken darf, so
sprechen dieselben für eine qualitative Eigenthümlichkeit des
grünen Lichtes.

Die Wahrheit, dass bei Erkenntnissprozessen nicht die Mittelglieder, sondern die Endglieder das Entscheidende sind und dass
die Endglieder conform sein können untereinander ohne Conformität
mit den Mittelgliedern, liesse sich, abgesehen vom Telephon, auch
in verschiedenen andern Arten der menschlichen Mittheilung nachweisen. Wenn ein Mensch die Erkenntniss und Ueberzeugung,
die er selbst hat, einem andern durch Belehrung beibringt, so werden
offenbar die Gedanken und Ueberzeugungen der beiden Menschen
conform, sie verhalten sich wie Vorbild und Abbild, nicht blos wie
Ursache und Wirkung, oder wie Zeichen und Bezeichnetes; aber die
Zeichen resp. Worte, wodurch der Eine seine Erkenntnisse und Ueberzeugungen im Andern nachbildet, brauchen zu den Gedanken in
keinem Verhältniss der Aehnlichkeit zu stehen.

Uebrigens kann es in dieser Schrift nicht unsere Absicht sein,
alle Schwierigkeiten, die sich aus der causalen Betrachtung der

Erkenntnissprozesse gegen eine realistische Erkenntnisstheorie ergeben, zu erörtern und zu lösen; wir wollten nur in Kürze zeigen,
dass die von uns selbst weiter oben urgirte Schwierigkeit nicht
als unlösbar sich darstellt.

Der erkenntnisstheoretische Idealismus ist seit Kant fast zu
einer Art epidemischer Krankheit in der Welt der Philosophen und
Physiologen geworden und es ist ein grosses Verdienst um die
Wahrheit und Wissenschaft, dass P. Pesch in seinen philosophischen
Schriften namentlich in seiner neuesten den Krebsschaden des
Idealismus mit allen Waffen, welche Scholastik und moderne
Wissenschaft im Bunde darbieten, aufdeckt und bekämpft. Bei der
Lektüre dieser hoch interessanten Schrift ist uns jedoch gegen den
Schluss ein Satz aufgefallen, den wir nicht als ganz wahr anzuerkennen
vermögen. S. 109 wird gesagt: „Das äussere Ding wirkt u n m i t -
t e l b a r auf das Wahrnehmungsvermögen ein." Wenn unter dem
äussern Ding beim Gesichtssinn der sichtbare Gegenstand gemeint
ist, so ist die Behauptung offenbar falsch, denn der Gegenstand
wirkt gewiss nur d u r c h d a s L i c h t auf das Auge.

Der weitern Behauptung „und das Organ nimmt u n m i t t e l b a r
das äussere Ding wahr" können wir eher zustimmen. Der Grund,
wesshalb wir bei den Wahrnehmungen des Gesichtssinnes die Unmittelbarkeit der Wahrnehmung zugeben, aber nicht die Unmittelbarkeit der Einwirkung des Objektes auf das Organ liegt darin,
dass die Unmittelbarkeit und ihr Gegensatz die Vermittlung
beim Wahrnehmen eine andere Bedeutung hat als beim Wirken.
Beim Wirken hört die Unmittelbarkeit auf, sobald ein Agens nicht
durch sich selbst, sondern durch ein anderes Agens auf ein Drittes
wirkt; dies ist bei den sichtbaren Objekten offenbar der Fall, denn
sie affiziren das Auge nicht durch sich selbst, sondern durch das
reflektirte Licht, also mittelbar. Beim Wahrnehmen dagegen
hört die Unmittelbarkeit nur dann auf, wenn ich, um das Objekt
wahrnehmen zu können, zuvor ein anderes wahrnehmen muss. Nicht
jede beliebige Vermittlung, sondern nur die Vermittlung einer
Wahrnehmung durch eine andere Wahrnehmung hebt die Unmittelbarkeit der Wahrnehmung auf. Nun ist das Sehen eines Gegenstandes zwar vermittelt durch physische und physiologische Prozesse,
aber es ist nicht vermittelt durch eine andere Wahrnehmung; und
darum ist das Sehen allerdings unmittelbare Wahrnehmung. Obwohl

das Wirken des sichtbaren Objektes auf das Auge nicht unmittelbar ist, wird es doch unmittelbar gesehen.

Wir haben den Unterschied zwischen der Unmittelbarkeit im Gebiete des Wirkens und der Unmittelbarkeit im Wahrnehmen besonders desshalb hervorgehoben, weil wir glauben, dass gerade die Nichtunterscheidung der Unmittelbarkeit und Vermittlung in den Prozessen des Wirkens und Erkennens an den Verirrungen des Idealismus zum Theil wenigtsens Schuld ist. Durch die Einsicht, dass nicht jede wirkursächliche Vermittlung und Mittelbarkeit zugleich eine Mittelbarkeit für das Wahrnehmen und Erkennen sei, ist schon etwas gegen den Idealismus gewonnen, denn die causalen Vermittlungsprozesse der Erkenntniss, welche nach den idealistischen Theorien zwischen das Objekt und die Erkenntniss wie eine Art Scheidewand sich einschieben, verlieren durch die erwähnte Einsicht diese scheidende Bedeutung. In diesem Punkte sind wir mit P. Pesch vollkommen einverstanden, sowie auch darin, dass in der Erkenntnisstheorie dem Zweck und der Form der Vorrang vor den Wirkursachen, als welche im Dienste des Zweckes stehen, gebühre. Die Teleologie im Bunde mit der Morphologie führt zu einer realistischen Erkenntnisslehre.

Schlussbemerkungen.

Die etwas allgemeine Natur des gewählten Themas und die Grenzen, welche dieser Schrift durch ihre Bestimmung zum Schulprogramm gesetzt sind, bringen es mit sich, dass der Abschluss mehr durch äussere Rücksichten, als durch Erschöpfung des Themas selbst motivirt ist. Der Verfasser selbst ist beim Rückblick auf seine Arbeit sowohl der Unvollständigkeit als der Unvollkommenheit derselben sich wohl bewusst. Hinsichtlich der Form wurde auf zwei Punkte besonderes Gewicht gelegt, nemlich auf Bestimmtheit und Klarheit; diess ist auch der Grund, wesshalb diese Schrift in bestimmt formulirten Thesen mit Beweisen sich bewegt.

Noch vor Vollendung der letzten Thesis dieser Schrift sind dem Verfasser zwei andere Schriften zugekommen, welche verwandte, nemlich erkenntnisstheoretische Themate behandeln, die neueste Schrift von Pesch „Das Weltphaenomen", Ergänzungsheft 16 zu den Stimmen von Maria-Laach, eine Kritik der modernen idealistischen Erkenntnisslehren vom Standpunkt des scholastischen Realismus, und die Festschrift von Dr. Bach zur Enthüllungsfeier des Albertus-Denkmals in Lauingen, welche das Verhältniss des Albertus zur Erkenntnisslehre der Griechen, Lateiner, Araber und Juden behandelt. Auf letztere Schrift Rücksicht zu nehmen, war mir nicht mehr möglich, wohl aber auf jene von P. Pesch, auf welche ich in der letzten Thesis bereits reflektirt habe. Ich sehe mich aber veranlasst, bei dieser Gelegenheit noch auf eine andere Schrift desselben Autors, nemlich die Philosophia naturalis, Bezug zu nehmen, weil in derselben S. 260, in der Note eine Stelle aus Aristoteles, welche in der Controverse über das Beharren der Elemente in den Mischungen von besonderer Bedeutung ist, gerade so erklärt ist, wie ich in meiner Schrift „Die Controverse über das Beharren der Elemente" vom Jahre 1879 S. 10 u. 11 dieselbe Stelle interpretirt hatte. Ich benütze diese Gelegenheit, diese Identität meiner Erklärung mit jener des P. Pesch und zugleich die Priorität der meinigen zu constatiren, ohne hiemit behaupten

7

zu wollen, dass meine Erklärung ohne Nennung der Quelle ent-
lehnt worden sei, da es ja leicht vorkommen kann, dass verschiedene
Schriftsteller selbst in auffallenden Einzelheiten bei vollständiger
Unabhängigkeit zusammentreffen. Ich finde ein evidentes Beispiel
solchen Zusammentreffens gerade in der neuesten Schrift von Pesch
und der meinigen, denn ich habe S. 2 meiner Schrift die scholastische Meinung, dass im Gesichtssinn während des Sehaktes
keine physische Veränderung stattfinde, erwähnt und als unvereinbar
mit den Entdeckungen der modernen Sinnesphysiologie bezeichnet,
und schon ein Jahr vor Abfassung dieses Programmes habe ich
in einer brieflichen Correspondenz einen Herrn auf diesen Punkt
hingewiesen. Es freute mich desshalb, in der neuesten Schrift von
P. Pesch S. 60 in der Note zu lesen, die Meinung der alten, resp.
scholastischen Physik, dass bei den vollkommenern Sinnen, namentlich
beim Sehen, keine immutatio naturalis im Sinnesorgane vorkomme,
sei ein Irrthum gewesen. Unsere Uebereinstimmung erstreckt sich
auch auf das Citat aus Thomas S. th. I. qu. 78. a. 3, c.

Ich beschliesse die Anführung von Coincidenzpunkten zwischen
P. Pesch und mir mit einigen kurzen Bemerkungen über unsere
beiderseitige Stellung zur Lehre des Albertus Magnus vom Beharren der Elemente, welche ich in meinem Programm von 1879
in den Grundzügen dargelegt und jener von Thomas, so weit Differenz besteht, vorgezogen habe. P. Pesch hat in seiner Naturphilosophie S. 257 die Lehre des Albertus wenigstens als probabel
erklärt und diese Probabilität mit guten Gründen erwiesen. In
einem Punkte hat er, wie ich gern zugebe, die Lehre des Albertus,
noch genauer als ich gethan, präcisirt durch Anwendung einer
treffenden Distinktion. Er unterscheidet nemlich zwischen dem
Beharren der forma, sofern sie Realität, und sofern sie forma
ist, d. h. die Funktion der Form hat, und gibt zu, dass man mit
Albertus das Beharren der Form ihrer Realität nach, abgesehen
von der Funktion, behaupten könne, und dass gute Gründe hiefür
sprechen. Ich habe kein anderes Beharren der Elemente, als das
im Sinne von Albertus behauptet. Statt der Beispiele, welche Pesch
zur Erläuterung der von ihm gemachten Distinktion zwischen Realität
und Funktion der Form anwendet, habe ich, nicht im Programm,
aber in Vorlesungen andere gebraucht. In den zwei Beispielen
von Pesch tritt meines Erachtens der Unterschied zwischen Realität

und Funktion, zwischen Bleiben der Realität und Nichtbleiben der Funktion nicht genügend hervor; den Dingen, die als Beispiele gewählt sind, nemlich einem Dreiecke, das durch Weglassung einer Seite und Zufügung eines zweiten zum Quadrate wird, und einer Mauer, die erhöht wird, und bei welcher das, was vorher oberster Theil war, bleibt, aber nicht mehr als oberster Theil, kommt wegen ihres rein passiven Verhaltens gerade das, was zur natürlichen forma gehört, das bestimmende Verhalten zu einer bestimmbaren Materie in keiner Weise zu. Uebrigens bemerkt Pesch selbst über sein Gleichniss „quod sane non omni ex parte cum re de qua agitur congruere· videatur." Mir scheinen zwei andere Gleichnisse, die ich in Vorlesungen schon öfter bei diesem Thema gebraucht habe, passender zu sein. Setzen wir den Fall, dass ein selbständiges von einem souveränen Fürsten regiertes Reich einem grössern Reiche einverleibt wird (wie z. B. Hannover in Preussen), so kann der bisherige Regent des einverleibten Reiches zwar als Person, aber nicht als Regent, nicht mit der Funktion des Regierens bleiben; er ist nicht mehr das determinirende Princip. Auch das einverleibte Reich bleibt seiner Realität nach, aber nicht seiner Form nach, nicht als selbständiges Reich. Noch ein anderes Beispiel könnte etwa hergenommen werden von jenen Wörtern der griechischen Sprache, die bald ihren eigenen Accent haben, bald auch durch engen Anschluss an ein vorausgehendes Wort denselben verlieren.

Da meine Vertheidigung des Beharrens der Elemente in dem Sinne der Lehre des Albertus Magnus von Seiten des strengen Thomismus fast als eine Opposition gegen Thomas und die Scholastik aufgefasst worden zu sein scheint, so hebe ich noch hervor, dass der neueste Recensent des Werkes von P. Pesch in der Zeitschrift Natur und Offenbarung 1881. Heft VI. S. 382 bezüglich der Differenz zwischen Albertus und Thomas in diesem Punkte sagt: „Mit Rücksicht auf die Resultate der Chemie und Physiologie geben wir unsererseits der Meinung des sel. Albertus den Vorzug". „Beachtung verdient auch, dass der hl. Thomas selbst eine Zeit lang der Ansicht des sel. Albertus huldigte." Der Recensent ist, wie seine ganze Recension zeigt, ein Kenner und Freund der Scholastik aber zugleich auch der modernen Naturwissenschaft und höchst wahrscheinlich ein Ordensgenosse des Autors des recensirten Werkes.

Inhaltsübersicht.